领域语义信息检索研究
——以竹藤领域为例

彭 琳 著

科学出版社

北 京

内 容 简 介

本书以竹藤领域为例，以实现基于植物外形特征的竹藤种类鉴别为信息服务目标；利用领域术语自动识别技术、不确定性知识表示方法、语义信息检索技术等相关理论和技术，分别对竹藤信息中的数值型数据和文本型数据的语义信息检索展开研究；完成竹藤外形特征标本数据库、竹藤领域本体库和竹藤领域语义信息检索模型的构建，实现竹藤领域信息语义关联检索。

本书可作为计算机应用、语义信息检索、农业信息技术等相关专业的研究人员、研究生、高年级本科生阅读。

图书在版编目（CIP）数据

领域语义信息检索研究：以竹藤领域为例 / 彭琳著. —北京：科学出版社，2018.8

ISBN 978-7-03-058399-4

Ⅰ.①领… Ⅱ.①彭… Ⅲ.①信息检索-研究 Ⅳ.①G254.9

中国版本图书馆 CIP 数据核字（2018）第 171154 号

责任编辑：余 丁 / 责任校对：郭瑞芝
责任印制：师艳茹 / 封面设计：蓝 正

科学出版社 出版
北京东黄城根北街 16 号
邮政编码：100717
http://www.sciencep.com

北京画中画印刷有限公司 印刷
科学出版社发行 各地新华书店经销

*

2018 年 8 月第 一 版 开本：720 × 1000 1/16
2018 年 8 月第一次印刷 印张：5 3/4
字数：105 000

定价：58.00 元
（如有印装质量问题，我社负责调换）

前　　言

随着信息技术的快速发展，各行业、领域数据量的增长都达到了前所未有的速度。最大限度地集成和利用各类信息资源，快速、完整、智能地提供各种信息服务，已成为领域语义信息检索研究的新需求。从目前的研究现状来看，针对语义信息检索技术的研究大多处于起步阶段，研究多停留于探索性的理论研究，其中关于领域术语集的确定、领域本体的组织结构，以及领域语义信息检索模型的构建都尚未成熟。同时，也缺乏相应的领域语义信息检索实际应用案例。为了弥补这些研究不足，作者撰写了本书。

本书结合竹藤领域知识自身的特点和研究的需求，对利用语义检索技术进行竹藤辅助研究中的若干关键技术进行详细的分析和探讨，内容组织如下：

第一章，绪论。阐述本书的研究背景和意义，概括介绍本书的主要研究工作以及贡献，最后说明本书内容章节的组织。

第二章，相关研究综述。主要就语义信息检索、面向农业领域的语义信息检索以及植物鉴别方法的研究现状进行综述，并结合竹藤语义信息检索研究的应用需求，对这些技术目前存在的问题进行分析和讨论。

第三章，基于云模型/TOPSIS 的植物鉴别检索方法。首先对数量分类法在植物鉴别中的应用进行研究；然后结合竹藤领域知识特征，提出基于云模型/TOPSIS 的植物鉴别方法，并通过竹藤领域的实际应用验证方法的有效性。

第四章，基于互信息/条件随机场的中文领域术语识别方法。研究领域术语自动识别方法，分析现有领域术语自动识别方法存在的不足，提出基于互信息/条件随机场的中文领域术语识别方法；并将该算法应用于竹藤领域术语自动识别中，通过实际案例对算法的特点进行验证和分析。

第五章，竹藤领域语义信息检索模型。对竹藤领域知识的表达和度量、语义检索模型的设计等问题进行研究。将语义相关度扩展和领域术语权重相结合，提出基于相关度扩展的竹藤语义信息检索模型，实现对检索过程的改进和优化，达到提高检索查准率和查全率的目标。

第六章，总结与展望。总结本书的研究工作，并对进一步的研究进行展望。

本书素材主要来源于博士期间的研究工作。在此，感谢我的博士生导师——上海大学计算机工程与科学学院的刘宗田教授。他在我的学业以及撰写工作中倾注了无数的辛勤汗水和心血。虽然我离他对我的要求还有一定距离，但是在他的细心教导下，我各方面都取得了长足的进步，也才有了此书的雏形。同时，感谢我的硕士生导师——云南农业大学大数据学院的杨林楠教授，在此书后期撰写过程中给予的支持和帮助。最后，我要衷心感谢我的父母、姐姐和姐夫以及我可爱的外甥，是他们给予我生活上和精神上无微不至的照顾和默默无闻的支持，使我能勇敢地面对研究和撰写中出现的一个接一个的困难和挑战，他们是我永远的坚强后盾。感谢所有关心我和爱我的人。

　　由于学科发展日新月异，新成果不断涌现，本书疏漏之处在所难免，敬请批评指正。若有任何建议，欢迎与本人联系。

彭　琳

2018 年 4 月于昆明

目　　录

第一章 绪 论

1.1 研 究 背 景

随着互联网、大数据、物联网等现代科学技术的发展，伴随着时间的推移，各行业、各领域的数据量正在迅速膨胀。2006 年，全球产生了 161EB（1EB＝1024PB）的数据，2007 年产生了 280EB 数据，2011 年全球被创建和复制的数据总量为 1.8ZB（1ZB＝1024EB），预测到 2020 年，全球将拥有 35.2ZB 的数据量。各种类型的海量数据的产生，对人类的数据驾驭能力提出了新的挑战。如何最大限度地集成和利用各类信息资源，从不同领域的海量数据中发现新知识，快速、完整、智能地提供各种信息服务，已成为领域语义信息检索研究的热点。

由于不同专业、不同领域、不同人员对信息的认识不同，因此从理解层面将分散的领域知识，依据应用需求的不同，提取、融合、处理后提供给用户的领域语义信息检索技术的研究还不够成熟。本书拟选取竹藤领域为研究对象，以竹藤种类的快速鉴别为实际应用需求，以实现竹藤领域语义信息关联检索为目的，对领域语义信息检索相关理论和方法展开研究。

竹藤是竹类和藤类植物的合称。竹藤是植物王国中的一个大家族，在世界森林资源中占有相当重要的地位。它是集经济效益、生态效益与社会效益于一体的重要的非木质森林资源，是木材短缺情况下的主要替代性资源。目前，全世界约有竹林面积 1700 万 hm^2，竹种 1200 余种，主要分布于东亚及其邻近地区，少数分布于非洲和南美洲等，因其具有生长迅速、产量和经济效益高等特点，故被誉为"绿色金矿"而倍受各产竹国的高度重视[1]。藤是棕榈科鳞果亚科省藤族中 13 个属 600 多种植物的统称，属棕榈科，有天然藤和人工藤 2 种。藤与其他棕榈科植物最大的区别是它们多数为藤本，攀缘于其他植物上，与棕榈科其他品种的高大树干相比，有很大的分别。从外表来看，藤的叶片与竹有点相像，但不论是叶脉或茎的形态都完全不同。藤类植物原产于热带地区，主要分布在旧大陆，即亚洲和非洲。在亚洲，大部分集中在亚洲的南部，如老挝、斯里兰卡、孟加拉国、马来西亚、菲律宾、印度尼西亚、印度和中国等。在非洲的分布范围较广，如西非的贝宁、塞内加尔、加纳、科特迪瓦、尼日利亚，中非的刚果、喀麦隆、加蓬和中非共和国等。各个藤种的分布范围很不均匀，自数千至一二百万平方公里不等[2]。

中国是世界竹子的分布中心之一，是竹子种类最丰富、分布最广的国家。据第 4 次森林资源普查结果，我国现有竹林面积 379.08 万 hm^2，主要分布在我国南方的 17 个省（市）。全世界共有竹种 70 多属，1000 多种，而我国除引种栽培者外，已知有 37 属，500 余种（含变种），许多竹种为我国特有，其中特有竹分类群就有 10 属 48 种[3]。同时，我国也是藤类植物的重要分布地区之一。藤是种密实坚固又轻巧坚韧的天然材料，具有不怕挤、不怕压、柔韧有弹性的特性[4]。在我国南方，自古以来人们习惯于使用藤条做成橱、柜、几、案、屏、架、椅、桌和床等家具。竹藤产品及其副产品在我国的农业生产乃至整个国民经济及人民生活中都有着广泛的用途和发展前景[5-14]。

竹藤属于特殊的植物类群，具有特殊的经济、生态和社会价值。对竹藤进行研究不仅有助于人们更好地理解植物区系的起源、种系分化及其演化进程，而且对保护我国生物多样性和可持续地合理开发利用竹藤生物资源具有极为重要的实践意义。

目前已有研究表明，植物的分布与经度、海拔、大气环流、地形、温度、降水等多种环境因素有着密切的联系[15-20]。利用地理信息系统（geographic information system，GIS）技术、差距分析（gap analysis，GAP）、多元分析方法等，对植物周边环境进行综合考察，通过对区域内植物多样性及其分布格局、成因、区划和"热点"地区确定等方面进行研究，才是植物研究和保护工作的重点。但是，目前我国竹藤的分布格局、生理特性，以及相关的地理、气候和野外生境等信息资料存在着存放分散、集成整合度低，数据标准不统一、不系统、共享性差、查找难等问题，极大地制约了对竹藤的大尺度、系统研究。具体地讲，主要存在以下问题：

① 竹藤领域知识涉及专业较多，各类信息资源分布在不同数据库和专业网站中，各种资源检索系统方法不尽相同，研究人员需要掌握各种不同界面的数字资源系统检索技术，花费大量时间和精力去分别浏览、检索、汇总各类信息，造成了这些信息资源综合利用程度偏低，制约了竹藤的大尺度、全面系统的研究。例如，目前包含竹藤相关信息的文本和图片就分散存放在国家农业科学数据共享中心（www.agridata.cn）、中国数字植物标本馆（www.cvh.ac.cn）、中国植物主题数据库（www.plant.csdb.cn）、中国植物科学网（www.chinaplant.org）、中国植物图像库（www.plantphoto.cn）等几十个专业数据库中。

② 虽然已有一些数据库包含了丰富的竹藤专业知识，存储了大量的竹藤相关科技信息，但由于这些数据库专业性强，并且只能采用关键词检索方式进行查询，

因此增加了操作者对数据库的操作难度，降低了数据库的使用效率，造成了资源浪费。其主要表现为：

第一，对操作者要求高。这些数据库的使用者必须能熟练地运用计算机，了解数据库检索界面，掌握检索策略；同时，必须对主题、关键词、机构、全文、题名等一般的检索概念和检索途径要有所了解和掌握。但是，这些数据库的使用者不仅包括有着较强专业知识的领域专家和农技人员，还包括农民和非农业科技工作者，这些人员大部分很难根据要求准确地输入检索词。

第二，关键词检索方式要求检索提问必须严格按照规定的格式输入，只有当完全匹配时才可得到搜索结果，这种在字面上与检索提问标识保持一致的检索方式，很难实现在内容上和概念上检索到满足用户需求的检索结果，将导致检索结果的查全率和查准率较低。

③ 竹藤领域信息存在于不同数据库和专业网站中，这些信息以 TXT、HTML、XML、RTF、PDF、PSZ/PS 等不同数据格式存在，以中文、英文、拉丁文等不同语言形式表达，而目前的检索工具大多不能提供异构数据的信息检索；同时，这些来自互联网及专业数据库的信息一般只能实现基于关键字的简单检索，只有查询词出现在文档中才可能被检索到，这种查询方法不具备语义查询能力，经常出现与用户查询请求相关的文档，由于使用同义词而无法被检索出来的情况。在实际应用中，由于关键词的不匹配，用户不得不频繁地人为更换查询词，才能检索出想要的结果。

④ 在竹藤相关研究过程中，需要对收集到的大量资料进行筛选，挑选出典型的内容用于研究。这一工作目前主要凭借人的主观进行，具有一定的主观经验因素。同时，由于竹藤相关文档内容丰富，语义关系复杂，因此要全面收集与研究课题有关的竹藤资料，必须对竹藤知识间的关联关系进行分析。其关联关系包括两个层次：一是竹藤文本表示的语义知识间的关联关系；二是竹藤文本与相关文献间的关联。关联分析可提高竹藤领域资料收集的综合性和全面性。

⑤ 对竹藤种类快速鉴别方法的研究还不够。在对竹藤进行相关研究和开发的过程中，对未知植物的快速鉴别是一切研究工作的基础。鉴别工作对于区分竹藤种类、探索竹藤种类间的亲缘关系、阐明竹藤系统的进化规律具有重要意义。目前，植物鉴别方法主要包括传统鉴别法、分子鉴定法、光谱鉴定法、数量分类法和图像识别法五种。针对竹藤植物，利用竹藤植物自身的外形特征和其专业语言特点的快速鉴别方法的研究还未见报道。

针对以上问题，本书以实现基于植物外形特征的竹藤种类鉴别为目的，利用领域术语自动识别技术、不确定性知识表示方法、语义信息检索技术等相关理论和技术，分别对竹藤信息中的数值型数据和文本型数据的语义信息检索展开研究，对面向语义信息检索的竹藤信息资源集成共享的解决方案进行探索。以期构建竹藤领域语义信息检索模型，实现竹藤领域信息语义关联检索。本书研究成果不仅为领域语义信息检索模型的构建提供了一种新方法和思路，也为领域语义信息检索的深入研究提供了技术支持和实例借鉴。

1.2　研究意义

随着计算机科学技术的发展，利用信息化技术手段最大限度地集成和利用各类信息资源，快速、完整、智能地提供各种信息服务，已成为研究和保护竹藤的新需求。这对竹藤异构信息集成共享技术和方法的研究与应用，为研究人员提供基于语义信息检索的文本信息和数字信息相结合的个性化服务，具有重要的现实意义。

本书围绕目前我国竹藤信息资源数据格式多样、语义检索效率低下、快速鉴别手段单一等问题，分别对竹藤信息中数值型信息和文本型信息展开研究。针对竹藤领域中的数值型信息，本书在构建植物的外形特征标本数据库的基础上，利用云模型对被测植物的外形特征进行数字化描述，然后再与植物外形特征标本数据库进行比对，从而实现被测植物的初步鉴别，实现其语义检索。针对竹藤领域中的文本型信息，本书选取《中国植物志》中的竹藤相关内容作为竹藤语料库原始语料，建立竹藤语料库，提出一种适用于竹藤领域术语特点的术语自动识别方法，构建一种适用于竹藤语义信息检索模型，最终实现竹藤领域语义信息检索。

本书研究内容解决了竹藤信息资源利用的技术障碍，提高了竹藤种类鉴别效果；为竹藤的宏观深层次研究，提供了新的技术支持和理论依据；同时，鉴于国内领域语义信息检索相关研究还处于起步阶段，尤其是对于不确定数值型数据的语义信息检索和文本型数据的语义信息检索模型的研究还缺乏完善理论基础和应用实例，本书做了一定的探讨。本书所提出的基于云模型/TOPSIS 的植物鉴别方法、领域术语识别方法和领域语义信息检索模型具有一定的通用性，可推广应用于其他专业领域知识的语义信息检索中，为领域语义信息检索的研究和应用提供了理论基础和技术经验，也为领域语义信息检索系统的构建奠定了基础。

1.3　研究内容

本书以竹藤为研究对象，围绕竹藤信息资源研究与应用的实际需求，结合领域术语自动识别技术、云模型、语义信息检索技术等相关理论和技术，以实现竹藤领域信息语义检索为目的展开研究。重点研究内容如下。

1. 基于植物外形特征的鉴别检索方法研究

为了使研究人员可以对未知植物进行快速鉴别，并从竹藤本体知识库中检索出未知植物相关信息，本书在对传统信息检索方法中的关键词检索方法和基于图像识别技术的植物鉴别方法进行分析研究的基础上，对基于植物外形特征的植物鉴别检索方法开展研究。利用云模型对植物外形特征进行数字化描述，构建基于植物外形特征的植物数字特征表达式，实现植物外形特征信息的定性与定量之间的不确定转换，为基于植物外形特征的植物鉴别检索方法提供理论基础。并将该方法应用于竹子的快速鉴别中，取得了较好的鉴别效果。

2. 竹藤领域术语自动识别方法研究

针对目前我国农业本体中的领域术语集普遍借助于主题词表、叙词表和农业领域专家，依靠人工进行构建，代价十分巨大而且进展缓慢的现状，本书针对竹藤领域的语言学特征，在创建竹藤领域语料库的基础上，分别对基于统计量度的术语自动识别方法——互信息方法、基于机器学习的术语自动识别方法——条件随机场，以及两类提取方法相结合的混合术语自动识别方法进行比较研究，提出了一种适用于竹藤领域术语特点的术语自动识别方法，给出竹藤领域术语自动识别的一般方法和处理规范，为其他专业领域术语的自动识别提供参考。

3. 基于相关度的竹籐语义信息检索模型研究

目前我国农业语义信息检索领域的相关研究人员大多将研究重点集中在通过传统的分类法和叙词表，利用基于概念层次和关系规则的查询扩展方式，来提高检索精度和检索效果，忽视了农业领域知识特点，对适用于农业领域知识特点的语义信息检索模型研究相对有限。针对此，本书引入统计语言模型思想，将领域术语权重和概念查询扩展相结合，提出了适用于竹藤领域的语义信息检索模型。

本书以竹藤领域语料库的构建为基础，以植物外形特征的数字化表示模型的建立和面向竹藤领域的术语自动识别方法的研究为手段，以实现面向竹藤领域的语义信息检索为目的展开研究。

1.4 技 术 路 线

面向竹藤的领域语义信息检索研究

文本型数据

建立竹藤领域语料库

基于统计量度的术语自动识别方法 ⟷ 基于机器学习的术语自动识别方法

提出竹藤领域术语自动识别方法

构建竹藤领域术语集

建立竹藤领域本体

语义查询扩展　语义相关度计算　领域术语权重计算

创建竹藤领域语义信息检索模型

数值型数据

构建植物的外形特征标本数据库

利用云模型对植物外形特征进行数字化描述

提出基于云模型/TOPSIS的植物鉴别方法

对提出的植物鉴别方法进行实验验证

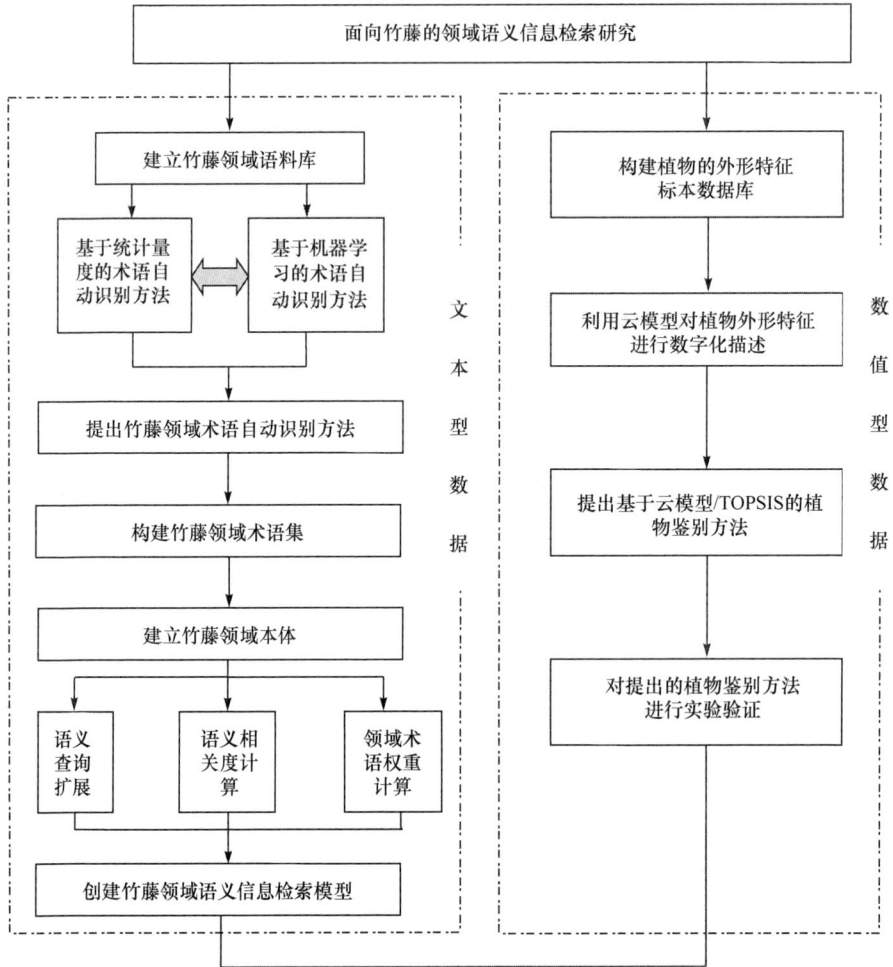

- 利用云模型对竹藤外形特征信息进行数字化描述，实现竹藤外形特征信息的定性与定量之间的不确定转换；
- 构建竹藤外形特征标本数据库，实现基于竹藤数值型信息的关联检索；
- 给出适用于竹藤领域的领域术语自动识别方法；
- 建立竹藤领域本体库，实现竹藤领域知识的数字化表示；
- 构建竹藤领域语义信息检索模型，实现竹藤领域信息语义关联检索。

1.5　本书贡献

本书面向竹藤语义信息检索展开研究，以实现竹藤的快速鉴别为应用目标，对植物鉴别技术、领域术语自动识别、不确定知识的表示以及语义信息检索技术进行了综述和分析。针对竹藤领域知识特征，研究了竹藤语义信息的表达和度量，提出了基于云模型的植物鉴别检索方法和基于互信息/条件随机场的中文领域术语识别方法，构建了竹藤领域语义信息检索模型。具体贡献如下。

1. 在植物快速鉴别方法的研究方面

利用云模型对植物外形特征信息进行数字化描述，实现了植物外形特征信息的定性与定量之间的不确定转换，为基于植物外形特征信息的植物鉴别提供了理论基础。

针对竹藤数值型信息，实现了对竹藤种类的识别和检索。依据竹藤外形特征的数值信息，实现了对竹藤的识别和检索，为植物鉴别方法中的数量分类法研究提供了新思路。

2. 在领域术语自动识别方法的研究方面

提出了一种基于互信息和条件随机场的领域术语自动识别方法。该方法将基于统计和机器学习的两类术语识别方法结合在一起，有效地解决了单纯利用统计方法进行术语识别时的数据稀疏问题，同时仅采取了三个特征，对条件随机场模板进行训练，有效地降低了条件随机场的运算时间。

3. 在领域语义信息检索模型的研究方面

提出了基于相关度的竹藤领域语义信息检索模型。从竹藤领域术语权重、语义相关度两个方面，描述检索词概念和竹藤知识之间的相关关系，较好地解决了检索者真实检索意图与竹藤知识之间的"语义鸿沟"问题。

实现了竹藤领域文本信息的关联检索和语义查询扩展。依据竹藤文本中的语义信息，实现了对竹藤种类的识别和检索。

第二章　相关研究综述

竹藤信息检索研究是对竹藤领域知识管理、分析和应用的重要内容。本书将不确定性知识表示方法和语义信息检索技术应用于竹藤领域知识表示和检索中，以竹藤领域知识表示和竹藤领域术语自动识别方法的确定为基础，以竹藤领域语义信息检索模型的构建为核心，以实现基于语义信息检索的竹藤种类快速鉴别为目的展开研究。主要研究工作包括：竹藤领域数值型数据的不确定性表示，竹藤领域文本型数据的语义信息检索方法以及竹藤种类快速鉴别方法等。本章将围绕研究中涉及的语义信息检索、农业语义信息检索、基于本体的农业语义信息检索，以及植物鉴别方法等领域的国内外研究现状展开综述和分析。

本章的组织结构为：2.1 节介绍语义信息检索；2.2 节介绍农业领域语义信息检索；2.3 节介绍基于本体的农业领域语义信息检索；2.4 节介绍植物鉴别方法；2.5 节对本章进行小结。

2.1　语义信息检索

针对当前网络信息缺乏结构化和语义化的问题，万维网的缔造者 Berners-Lee 于 2000 年 12 月在 XML2000 会议上提出了语义网（semantic Web）的概念[21]。语义网作为对当前网络的扩展，它的目标并不是要完全取代现有的网络，而是让网络上的信息能够被计算机理解，从而实现语义层上的智能应用。语义网的出现为实现语义信息检索提供了可能。

语义信息检索的概念是由 Guha 等于 2003 年首次提出[22]，他们认为语义信息检索是研究基于语义网的搜索技术，其目的是通过语义网技术提高当前的搜索性能，并构建下一代基于语义网的新型搜索引擎。语义信息检索一经提出，就引起国内外学术界的高度重视，许多研究者从不同角度对其进行了一些开创性研究。其中，Cohen、Lei 等围绕语义信息检索的框架结构展开研究。耶路撒冷希伯来大学的 Cohen 等[23]设计了一个专门针对 XML 文档的搜索引擎 XSEarch，提出了一套完整的理论；韩国中央大学的 Cho 和 Lee[24]提出语义检索框架中应该包括本体构建、爬虫、索引器、查询语句引擎和可视化五个部件，并将整个搜索引擎分为在线和离线两部分；英国开放大学的 Lei 等[25]介绍了一个语义搜索引擎 Semsearch，同时提出了语义搜索引擎的五层次结构；Rodrigo 等[26]提出了语义网图形系统，这个系统形成了以语义网为基础的语义搜索引擎，在获得查询结果的同时还可以获得关联信息。王进、Gary 等针对语义检索中搜索优化的问题进行了重点研究。中国科学技术大学的王进[27]提出了一种基于本体的语义信息检索模型，模型采用语义聚类方法对文档进行分类，然后将用户查询要求对应到某一类别中，从而提高语义检索的效率；亚利桑那州立大学的 Gary 等[28]采用了Marker-passing 的搜索算法，以外部刺激的方式并行地搜索整个语义网络，有效地提高了语义搜索效果。

但从目前的研究现状来看，这些研究都还处于起步阶段，研究大都只停留于探索性的理论研究，其中语义信息检索模型、语义检索系统的构造方法和实现机制都还未成熟。

2.2 农业领域语义信息检索

近年来，我国农业领域研究人员对语义信息检索在农业中的应用也进行了大量探索性研究。例如，中国科学院地理科学与资源研究所的甘国辉和徐勇在国家"十一五"科技支撑计划课题"农村信息协同服务技术研究与集成应用"和 863计划课题"农业语义检索技术研究"中，对科技文献信息、空间信息和农业网络信息的信息融合技术、农业领域本体构建和农业领域知识的语义检索策略与方法等农业知识语义信息检索关键技术进行了研究；广东省农业科学院科技情报研究所的郑业鲁、李泽和王众等参与了联合国粮食及农业组织（Food and Agriculture Organization of the United Nations, FAO ）的农业本体服务研究(agricultural ontology server，AOS ）项目中的渔业本体（fishery ontology ）的构建工作，并对农业语义检索技术展开相关研究；中国农业科学院农业信息研究所的孟宪学等在农业科学叙词表转化得到农业本体基础上，设计并实现了基于农业本体的智能检索原型系统，进一步完善了传统信息检索系统的功能（国家自然科学基金项目成果 ）；中国农业科学院农业信息研究所的苏晓路等利用文献计量方法对《中国农业科技文献数据库》中的分类和主题标引进行了分析，对其中的主题词与类目之间的关系进行研究，构建了基于主题词的农业初级本体，并以该本体作为检索知识库，建立了农业科技智能检索系统（国家"十五"重点科技攻关计划项目成果 ）；平顶山工学院的张玉花与西安工业大学的李宝敏在国家"星火计划"项目"西北农业专家远程信息化服务体系示范"课题中，共同实现了在农业果品领域中的语义智能检索[29]；中国农业科学院农业信息研究所的杨晓蓉在其博士学位论文《分布式农业科技信息共享关键技术研究与应用》中针对农业异构数据源的检索问题，对基于农业领域词典的中文分词方法和基于农业领域本体的语义扩展方法进行了研究，实现了基于农业本体的语义查询扩展。

这些对语义信息检索的尝试和探索研究均在一定程度上实现了检索的智能化和人性化，同时也证明了语义信息检索不仅可以对海量分布的农业异构信息资源进行描述、存储、管理、集成和分析挖掘，还可以对这些农业数据资源赋予明确的语义信息，使得计算机能智能地理解数据资源的具体含义，并实现基于语义的自动检索。

2.3　基于本体的农业领域语义信息检索

本体（ontology）最初是一个哲学上的术语，在哲学中本体是一种存在的系统化解释，用于描述事务的本质。十多年前本体被引入计算机领域，虽然不同研究者对本体有不同的定义，但是目前被大数研究人员所认同的本体定义是：本体是共享概念模型的明确的形式化规范说明[30]。这一定义是由 Gruber 等于 1993 年首次提出的，这个定义强调了本体是用于描述概念和概念之间的关系的一种语义基础。

本体的概念一经引入计算机领域就得到了广泛的关注和应用[31-33]，特别是在知识获取、知识表示、知识检索、知识挖掘、知识共享和重用等方面，如 Princeton 大学研制的语言知识库 WordNet，美国 Lenat 领导研制的大型常识知识库系统 CYC 等。国内主要有中国科学院计算技术研究所的曹存根领导的中国知识基础设施工程（China national knowledge infrastructure，CNKI），可提供大规模的、包含多个领域的知识共享本体库；中国科学院计算机语言信息中心语言知识研究室的董振东建设的知网工程等，都在一定程度上应用了本体论的方法[34]。

由于本体论在知识管理及语义检索领域的突出作用，联合国粮食及农业组织于在 2001 确立了农业本体服务研究项目，制定出合作伙伴所遵守的术语、定义以及关系，采用联合国粮食及农业组织开发的叙词表（thesaurus）AGROVOC 作为其基础的共享词汇，先后构建了渔业、作物-有害生物和抗菌剂等本体[35]。我国研究人员也进行了大量的农业本体的构建研究，例如，复旦大学的陈叶旺构建了基于农业领域本体的知识资源信息管理服务系统，系统包括农业领域本体知识协同建构模块和基于农业领域本体的语义检索模块[36]；中国科学院文献情报中心的李景构建了花卉学领域本体，并在其博士论文中对本体的理论知识和相关技术方法做了较为详细的阐述[37]；福建农林大学的李庭波构建了森林资源经营决策本体知识库，定义了森林资源核心本体（core ontology）模型，并通过数据进行本体学习的应用[38]；四川大学的张柳、黄春毅构建了农作物栽培领域本体知识库，定义了农作物栽培领域的核心概念，并确定了其层次结构[39]。

这些研究人员的研究成果表明农业本体的构建有助于提高对农业语义信息的组织、管理和知识理解，可以对各类农业数据资源进行集成，并实现基于语义的访问，提高了农业数据资源的集成性、协同性和可理解性。同时，我们发现由于农业本体形式化表达了农业领域中的各种概念及概念之间的关系，而这些概念是利用该农业领域术语来进行表达的，因此这些术语集选取的好坏直接影响着构建的农业本体的质量。但是，目前我国农业本体中的领域术语集普遍借助于主题词表、叙词表和农业领域专家，依靠人工进行构建，代价十分巨大而且进展缓慢。

2.4　植物鉴别方法

植物鉴别是植物研究开发的基础性工作，对于区分植物种类、探索植物间的亲缘关系、阐明植物系统的进化规律具有重要意义。经过长期发展形成了很多种植物鉴别方法，主要包括传统鉴别法、分子鉴定法、光谱鉴定法、图像识别法和数量分类法等。

1. 传统鉴别法

目前常用的传统鉴别法主要是通过编制和查阅植物分类检索表，专业人员手工对其进行鉴别。这种鉴别方法凭借专业人员的知识和经验进行资料收集、整理，要求鉴别人员具备较高的植物学、地理学、生物学等领域的专业知识，不但耗时费力，具体鉴别操作极为不方便，而且容易因人为因素造成重要资料的遗漏，所以该方法不利于大规模推广应用。

传统的植物鉴定方法还包括形状鉴定、显微鉴定、来源鉴定、理化鉴定等方法，这些鉴别方法不仅受遗传因素的影响，还与生物体的生长发育阶段、环境条件、取材部位、加工炮制方法等有着密切关系，具有很大的变异性和随意性，从而给鉴定结果的稳定性和可靠性带来一定影响[40]。

2. 分子鉴定法

近年来，随着分子生物学和生物技术的迅速发展，分子标记技术应运而生。由于 DNA 信息含量大，在同种内具有高度的遗传稳定性，且不受外界环境因素和生物个体发育阶段及器官组织差异的影响，因此利用 DNA 分子标记技术进行植物鉴别更为准确、可靠、稳定。但目前，植物的分子鉴定技术还处于资料积累和方法探索完善阶段，在实际应用中还受到一定的限制[41,42]。

3. 光谱鉴定法

利用光谱鉴定化合物的化学结构及定性鉴别的方法，称为光谱鉴定法。这种方法常用质谱、红外光谱、紫外光谱及核磁共振来确定有化合物结构，被应用在有机化合物的结构鉴定中，如中药材、纤维材料、食品等领域[43-45]。

植物作为复杂的混合物体系，所含化学成分不同，各成分含量的比例不同，会造成拉曼谱图的差异。所以，近几年研究人员利用光谱分析方法来对植物种类进行鉴别，取得了较好的鉴别效果。虽然这种方法能够实现植物种类的快速鉴定，但常规的光谱分析方法需要对植物进行分离提取，不利于植物完整性鉴别。

4. 图像识别法

近年来，一些研究者尝试利用数字图像处理技术实现植物鉴别，再根据鉴别结果对数据库进行查询，从而获得相关的专业知识。其中大量研究者通过对植物的叶片图像进行识别，实现对植物种类的鉴别[46-49]；还有一些研究人员尝试利用人工神经网络等现代人工智能算法，通过对植物图像的机器识别，实现植物种类鉴别[50-52]。

但是，这种利用图像识别技术对植物进行鉴别的方法，还存在着一些问题：

① 目前的图像采集基本通过扫描仪，背景简单、图像分割和描述相对简单，难以处理复杂背景。

② 不同研究者使用的图像数据库各不相同，很难比较识别效果的性能优劣，且难以用于实践。

③ 当前已有的图像分类系统通常只能处理几种至百种植物，范围较小，难以实现大规模、多类别的植物鉴别。

④ 虽然一些算法在实验环境下有着较好的识别效果，但是这些算法对自然状态下成像的图像的识别效果还有存在缺陷。

5. 数量分类法

数量分类学（numerical taxonomy）也称数值分类学。数量分类学是将计算机科学应用于分类学中而建立起来的一门新兴边缘学科。数量分类学在植物分类中的应用是以植物表型特征为基础，利用植物的大量性状（包括植物的形态结构学、细胞学和生物化学等）和相关数据，按一定的数学模型，应用计算机运算得出结果，从而做出植物的定量比较，客观地反映出分类群之间的关系[53]。

数量分类学最早是由美国生物统计学家索卡尔和英国微生物学家斯尼思等于20世纪50年代末提出的[54,55]。数量分类学最早首先被表征学派所接受。到了20世纪60年代以后，数量分支分类方法得到了发展，导致数量分类学逐渐被越来越多的生物学家所接受，并广泛应用于生物分类中。数量分类学利用数学方法，在生物分类中提出了定量的观点，把分类学的研究从定性的描述阶段提高到了定量的综合分析阶段，对生物分类学的发展带来重大影响[56]。

数量分类学应用于植物鉴别过程中，主要是依据植物的外观特征，通过提取大量特征数据，利用数学方法获得分类及鉴别结果。这种植物鉴别方法的程序为：首先，选择植物的一些比较稳定的外观性状即外观特征；然后，通过观察和测量采集关于这些性状的数量描述即原始数据；最后，通过对这些性状数据进行聚类分析和主成分分析等，精确确定植物间的亲缘关系并进行分类和鉴别。近年来，这种方法的研究广泛开展，取得了大量的研究成果[57-62]，极大地促进了植物分类技术的发展。同时，这一方法也很容易被推广应用到植物的鉴别和良种的鉴定等方面，具有很好的应用前景和推广价值。

2.5 本章小结

本章首先对语义信息检索技术的国内外研究现状进行了分析，并重点对语义信息检索技术在农业中的应用，以及基于本体的农业领域语义信息检索的研究现状进行了分析和讨论。总结如下：

① 从目前的研究现状来看，针对语义信息检索技术的相关研究都还处于起步阶段，研究大都只停留于探索性的理论研究，其中语义信息检索模型、语义检索系统的构造方法和实现机制都还未成熟。

② 语义信息检索技术在农业领域中的应用，不仅可以对海量分布的农业异构信息资源进行描述、存储、管理、集成和分析挖掘，还可以对农业数据资源赋予明确的语义信息，使得计算机能智能地理解数据资源的具体含义，并实现基于语义的自动检索。

③ 农业本体形式化表达了农业领域中的各种概念及概念之间的关系，由于这些概念是利用该农业领域术语来进行表达的，因此术语集选取的好坏直接影响着构建的农业本体的质量。但是，目前我国农业本体中的领域术语集普遍是借助于主题词表、叙词表和农业领域专家，依靠人工进行构建，代价十分巨大而且进展缓慢，影响了农业语义信息检索的实际应用效果。

需要提出的是，本书以竹藤种类的快速鉴别作为竹藤语义信息检索的应用点，因此在 2.4 节对现有植物鉴别方法进行了介绍和归纳。

第三章 基于云模型/TOPSIS 的植物鉴别
检索方法

3.1 引　　言

数据的含义被称为语义（semantic）[63]。数据本身没有任何意义，只有被赋予含义的数据才能够被使用，这时候数据就转化为了信息，而数据的含义就是语义。因此，语义可以简单地看作是数据所对应的现实世界中的事物所代表概念的含义，以及这些含义之间的关系。所以，本书认为领域语义信息检索可以看作是对某一个领域内的数据所表示的含义，及其含义之间关系进行的检索。其中，某一个领域内的数据可以包含多种类型，如数值型、文本型、图片型等。

以本书研究对象竹藤中的箣竹为例。在《中国植物志》中对箣竹的描述为："秆高 15—24 米，直径 8—15 厘米，尾梢下弯，下部略呈'之'字形曲折；节间绿色，长 25—35 厘米，幼时于上半部疏被棕色贴生刺毛，老则光滑无毛，秆壁厚 2—3 厘米；叶片线状披针形到狭披针形，长 10—20 厘米，宽 12—25 毫米，两表面均粗糙，近无毛，惟下表面的基部常被稍密的长柔毛，先端渐尖而具粗糙钻状尖头，基部近圆形或近截形……"。

通过这段描述，可以发现竹藤领域信息主要是由数值型数据和文本型数据两类数据构成。因此，本书将分别对竹藤领域中的数值型数据和文本型数据的语义信息检索展开研究。其中，第三章介绍了竹藤领域数值型数据的语义信息检索，及其在植物鉴别检索中的应用；第四、五章介绍了竹藤领域文本性数据的语义信息检索。

本章的组织结构如下：3.2 节对数值型数据的语义信息检索和基于数量分类法的植物鉴别方法存在的问题进行分析；3.3 节介绍本章所采用的相关理论及技术；3.4 节介绍本章提出的基于云模型/TOPSIS 的植物鉴别检索方法；3.5 节进行实例分析；3.6 节对本章进行小结。

3.2 问 题 提 出

本章研究目的是，通过对竹藤知识中的数值型数据进行科学、合理的数学描述，建立相应的数学模型，利用一定的检索计算方法，实现对竹藤种类的鉴别检索。

通过前文引用的《中国植物志》中籍竹的描述，可以看出籍竹知识中的数值型数据为"15—24""8—15""25—35""2—3""10—20""12—25"。这些数值型数据大多为数值区间，而非单一数值。如何对这些区间性数值知识进行数据描述是本章研究的重点。

另外，为了更好地利用竹藤知识中的数值型数据对竹藤种类进行鉴别和检索，本书借鉴了植物鉴别方法中的数量分类法的主要思想。在利用数量分类法进行植物鉴别检索时，最关键的步骤是对植物性状进行有效、准确的数学描述。但是，我们知道知识表示一直是人工智能研究中的一个瓶颈，尤其是数值型数据的表示，其难点在于数值型数据知识中隐含有不确定性，即模糊性和随机性。对植物外形特征进行严格、精确的数学描述几乎是不可能做到的，只有将定性定量的知识加以变换与集成才能获得定性定量相结合的完整描述。因此，建立一个定性定量的不确定性转换模型，对植物外形特征的不确定性知识进行有效描述，是解决数量分类法在植物鉴别应用中的瓶颈问题的最有效的方法之一。

综上所述，本书认为要做到自动识别某类群多种植物，或在保存大量植物标本的数据库中迅速检索出某种用户不认识的植物，最好的途径就是：首先，构建植物的外形特征标本数据库；其次，利用梯形云模型将被测植物的外形特征与植物的外形特征标本数据库进行比对，得到被测植物与外形特征标本数据库相比的隶属度，实现被测植物的初步鉴别；然后，当鉴别结果为多个时，再利用正态云模型对检索结果进行精确匹配计算，得到被测植物与外形特征标本数据库相比的精确隶属度；最后，利用 TOPSIS 对隶属度进行综合评价，鉴别出植物种类。

3.3　相关理论及技术

3.3.1　云模型

云模型是李德毅提出状态空间理论及云与语言原子模型思想之后，逐步完善形成的。1993 年，李德毅在《隶属云和语言原子模型》[64]中首次提出云的概念，以此为基础建立了定性定量转换的不确定性转换模型[65]，并在《知识表示中的不确定性》[66]一文中，分析了不确定性知识表示存在的问题，以及知识的模糊性和随机性的表示难点，提出了用云模型三个数字特征（期望值、熵、超熵）来描述一个定性概念，并利用熵来关联模糊性和随机性。其中，代表定性概念的云的某一次定量值被称为云滴，可用它对概念的贡献度来衡量，许许多多云滴构成云，从而实现了定性和定量之间的随时转换，反映了知识表示中的不确定性。这一思想在李德毅所著的《不确定性人工智能》[67]一书中有着更为详细系统的论述。

本书在对竹藤领域数值型数据进行知识表示时，考虑到竹藤领域数值型数据具有区间性、随机性和模糊性三重特性；同时，在利用竹藤外形特征进行种类鉴别时，需要实现其外形特征数据与外形特征标准数据之间的定量与定性的转换；另外，云模型作为定性定量转换的不确定性模型，能够充分体现语言概念的随机性和模糊性，是实现定性定量转换的有效工具。基于以上三点考虑，本书选用了云模型作为竹藤领域数据值型数据知识表示方法。下面将对云模型相关概念进行简要介绍。

3.3.1.1　云的定义

设 U 是一个用精确数值表示的定量论域，C 是 U 上的定性概念，若定量值 $x \in U$ ，且 x 是定性概念 C 的一次随机实现，x 对 C 的确定度 $\mu(x) \in [0,1]$ 是有稳定倾向的随机数 $\mu: U \to [0,1] \forall x \in U, x \to \mu(x)$ ，则在论域 U 上的分布称为云，每一个 x 称为一个云滴[65]。

3.3.1.2　云的数字特征

云的数字特征运用期望值 E_x 、熵 E_n 、超熵 H_e 三个数值来表征。期望值 E_x 表示云滴在论域空间分布的期望，即最能够代表定性概念的点，或者说是这个概念量化最典型的样本。利用熵（方差）表达概念数值范围的模糊性，增加超熵这一数字特征反映云滴的离散程度。超熵的大小间接反映云滴厚度，超熵越大，云滴离散度越大，隶属度的随机性越大，云的厚度也越大[65]。

云的数字特征的独特之处在于仅仅用三个数值就可以勾画出由成千上万的云滴构成的整个云，把定性表示的语言值中的模糊性和随机性完全集成到一起。由于具体实现方法不同，可以构成不同类型的云，如正态云模型、梯形云模型、半云模型等。其中，正态云模型和梯形云模型是应用最为广泛的云模型[68-73]。

1. 梯形云模型

（1）梯形云数字特征

梯形云的数字特征反映了定性知识的定量特性，梯形云可用期望值 E_{x1} 和 E_{x2} 、熵 E_n 、超熵 H_e 完整地表征出来。

期望区间 $[E_{x1}, E_{x2}]$ ： $E_{x1} \leqslant E_{x2}$ ，在 $[E_{x1}, E_{x2}]$ 上的元素 x 对概念的隶属度为1，即 100% 属于概念。当 $E_{x1} = E_{x2}$ 时，只有一个元素 100% 属于概念，这时梯形云就退化为正态云。

熵 E_n ：概念模糊度的度量，反映了在论域中被概念所接受的范围。

超熵 H_e ：反映梯形云左、右半云的离散程度，即熵 E_n 的熵。

（2）梯形云期望曲线

通过梯形云期望和熵可以确定梯形云期望曲线方程

$$\text{MEC}(x) = \begin{cases} \exp\left[-(x-E_{x1})^2/(2E_n^{\,2})\right], & x < E_{x1} \\ 1, & E_{x1} \leqslant x \leqslant E_{x2} \\ \exp\left[-(x-E_{x2})^2/(2E_n^{\,2})\right], & x > E_{x2} \end{cases} \quad （3\text{-}1）$$

其梯形云模型如图 3-1 所示。

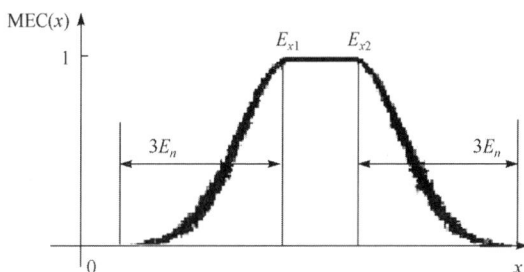

图 3-1　梯形云模型示意图

2. 正态云模型

（1）正态云数字特征

正态云的数字特征与梯形云的数字特征的区别在于梯形云期望值有 E_{x1} 和 E_{x2} 两个，而正态云只有一个期望值 E_x。其中，熵 E_n 和超熵 H_e 仍表达相同数字特征。

（2）正态云期望曲线

通过正态云期望和熵可以确定正态云期望曲线方程

$$\text{MEC}(x) = \exp\left[-(x-E_x)^2/(2E_n^{\,2})\right] \quad （3\text{-}2）$$

其正态云模型如图 3-2 所示。

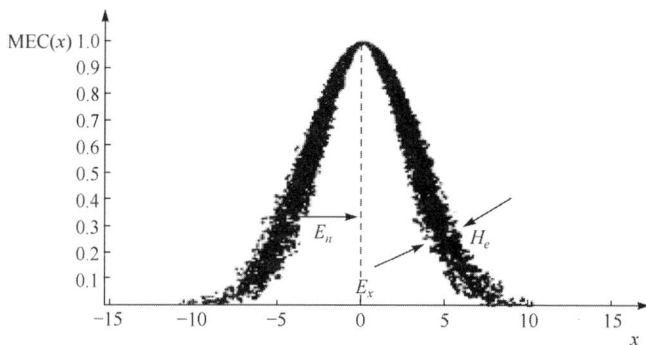

图 3-2　正态云模型示意图

3.3.2 TOPSIS 多属性综合评价法

目前大部分综合评价体系在最后做综合评价时，往往只是对各指标值进行简单叠加。这种做法忽略了各指标值的差异性，无法区分其对于总体评价的相对重要性。逼近理想解排序法（technique for order preference by similarity to an ideal solution，TOPSIS）是有限方案对目标决策分析的一种常用方法，是一种简捷有效的多指标综合评价方法，原理简单，推理清晰，适用性强。所以，本书引入 TOPSIS 对隶属度进行综合评价，以期达到更加科学合理的效果。

TOPSIS 是 Hwang 和 Yoon 于 1981 年首次提出[74]。TOPSIS 是基于有限个评价对象与理想化目标之间接近程度的排序方法。该方法是一种针对现有评价对象进行相对优劣评价的方法，所以它是一种逼近理想解的排序方法。TOPSIS 是多目标决策分析中常用的方法，也被称为优劣解距离法[75]。

其基本思想是设置"理想解"和"负理想解"。其中，"理想解"就是假想设定的最优解，其不同的属性值都达到所有待评价方案中的最佳值；而"负理想解"则最坏的设想解，其不同的属性值都达到所有待评价方案中每个选项的最差值。TOPSIS 就是把各备选方案与"理想解"和"负理想解"做比较，若其中有一个方案最接近"理想解"，而同时又远离"负理想解"，则该方案是备选方案中最好的方案。具体计算方法如下：

① 设有 m 个目标 $f_1(x), f_2(x), \cdots, f_m(x)$，每个目标有各自的最优解 $X^{(i)}$ 和最优值 $f_i^* = \max_{X \in D} f_i(x) = f_i(x^{(i)})$，$1 \leqslant i \leqslant m$。对于向量函数 $F(X) = (f_1(x), f_2(x), \cdots, f_m(x))^{\mathrm{T}}$ 来说，向量 $F^* = (f_1^*, f_2^*, \cdots, f_m^*)^{\mathrm{T}}$ 只是一个"理想点"，实际情况下是达不到的。

② 设有 m 个评价指标，n 个方案，每个方案的 m 个评价指标值记为 f_{ij}，$1 \leqslant i \leqslant n$，$1 \leqslant j \leqslant m$，用评价矩阵表示为 $A = (f_{ij})_{n \times m}$。其中，"理想解"为

$$F^* = (f_1^*, f_2^*, \cdots, f_m^*)^{\mathrm{T}} \tag{3-3}$$

$$F_i = (f_{i1}, f_{i2}, \cdots, f_{im})^{\mathrm{T}} \tag{3-4}$$

那么，第 i 个方案与"理想解"的距离为

$$L_2(i) = \left\| F_i - F^* \right\| = \left[\sum_{j=1}^{m} (f_{ij} - f_j^*)^2 \right]^{\frac{1}{2}}, \quad 1 \leqslant i \leqslant n \tag{3-5}$$

多评价指标的综合评价的问题就变成了 $\min_{1 \leqslant i \leqslant n} L_2(i)$，距"理想解"近的方案要比距"理想解"远的方案好。

③ 设"负理想解"为 F^0，即

$$F^0 = (f_1^0, f_2^0, \cdots, f_m^0)^{\mathrm{T}} \qquad (3\text{-}6)$$

其中，f^0 是第 i 个目标最差的数值。那么，第 i 个方案与"负理想解"的距离为

$$L_2^0(i) = \left\| F_i - F^0 \right\| = \left[\sum_{j=1}^{m} (f_{ij} - f_j^0)^2 \right]^{\frac{1}{2}}, \quad 1 \leqslant i \leqslant n \qquad (3\text{-}7)$$

其中，$L_2^0(i)$ 表示第 i 个方案同"负理想解"的距离。同样，多评价指标的综合评价的问题就变成了 $\min_{1 \leqslant i \leqslant n} L_2^0(i)$，距"负理想解"远的方案要比距"负理想解"近的方案好。

这种方法在数学上也被叫作"双基点法"。在某些情况下，由于二者可能出现矛盾，所以引入了"对理想解的相对接近度"的定义，用 l_i 表示，则

$$l_i = L_2^0(i) / \left[L_2^0(i) + L_2^0(i) \right], \quad 1 \leqslant i \leqslant n \qquad (3\text{-}8)$$

可以看出，$0 \leqslant l_i \leqslant 1$，$l_i$ 越大，第 i 个方案越好。

3.4 算 法 步 骤

本章利用梯形云模型、正态云模型和 TOPSIS 实现了基于植物外形特征的植物鉴别，算法的具体流程如图 3-3 所示。

步骤 1 构建植物的外形特征标本数据库。

标本数据库是领域专家和计算机专业人员共同完成的。标本数据库一般存放可用以辨别植物种类的植物外形特征，并且要求这些外形特征值为数值型。

步骤 2 利用梯形云模型，计算被测植物的隶属度，初步鉴别被测植物。

在描述植物外形特征时，通常期望值不是单一值，而是一个区间，如在描述"竹秆高 1—5m"这个外形特征时，就可以用梯形云模型表示。其中期望区间 $[E_{x1}, E_{x2}]$ 的取值属于区间[1,5]，即 $E_{x1}=1$，$E_{x2}=5$。考虑到实际测量过程中不可避免地存在一定的误差，植物成熟期和成长期的数据也存在一定差距，以及可能被测植物本身存在混合差异性等问题，本书将利用梯形云的上升云和下降云对植物的外形特征值的取值范围进行扩展。利用梯形云模型，计算被测植物的隶属度，具体步骤如下。

（1）确定梯形云模型的期望区间 $[E_{x1}, E_{x2}]$

根据植物的外形特征标本库中的外形特征取值范围，确定梯形云模型的期望区间 $[E_{x1}, E_{x2}]$，其中 E_{x1} 为该外形特征的下限值，E_{x2} 为该外形特征值的上限值。

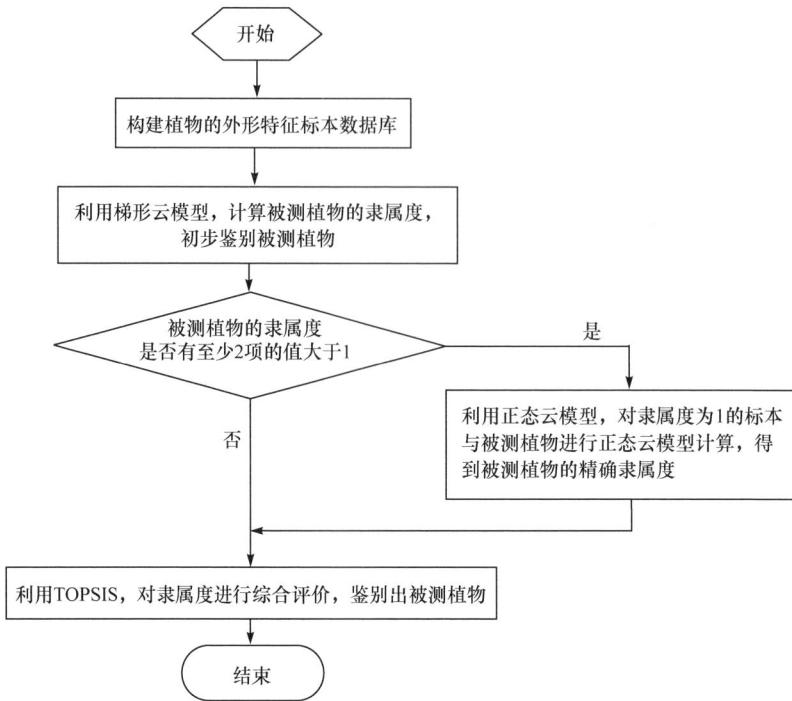

图 3-3 算法流程图

（2）计算梯形云模型熵 E_n

利用梯形云模型的上升云和下降云，对植物的外形特征的取值范围进行扩展，扩展区间设定为 $[-3E_n, +3E_n]$。

（3）利用梯形云模型的数字特征对被测植物的外形特征进行描述

通过梯形云期望和熵可以确定梯形云期望曲线方程，见式（3-1）。

（4）计算隶属度

将被测植物的所有外形特征与标本库中的外形特征值分别利用梯形云模型进行对比分析，得到被测植物的每个外形特征的 $MEC(x)$，即所测植物的该外形特征的隶属度。根据隶属度的大小可判断被测植物与标本库中的标本相似程度，隶属度值越大，相似度越大；反之隶属值越小，相似度越小。

步骤 3 利用正态云模型，对隶属度为 1 的标本与被测植物进行正态云模型计算，得到被测植物的精确隶属度。

经过步骤 2 的处理后，可根据隶属度值的大小判别出被测植物与各标本的相似度，然后对相似度进行排序，找出相似度最高的标本，从而实现对被测植物的鉴别。但是，由于梯形云的期望值为 $[E_{x1}, E_{x2}]$ 区间，是一个区间值；同时不同植物也可能存在极大的相似性，这就造成了可能出现被测植物与标本库的多种植物对比后，隶属度均为 1，即经过梯形云模型的粗检索后，认为该植物可能属于多种植物的鉴别结果。针对这一问题，本书提出当出现隶属度均为 1 的情况时，对隶属度为 1 的标本与被测植物再进行正态云模型计算，以期得到更为精确的鉴别结果，具体计算步骤如下。

（1）确定正态云模型的期望值

将植物的外形特征标本库中的外形特值由区间值转换化为单一期望值，该期望值为区间值的中间值 E_x。如在描述"竹秆高 1—5m"这个外形特征时，期望值由 $[E_{x1}, E_{x2}] = [1,5]$ 转化为 $E_x=3$。

（2）计算正态云模型的熵 E_n

熵 E_n 的计算式为 $3E_n=(E_{x1}-E_{x2})/2$。

（3）通过正态云期望和熵确定正态云期望曲线方程

通过正态云期望和熵可以确定正态云期望曲线方程，见式（3-2）。

（4）计算隶属度

将被测植物的所有外形特征与步骤 2 所计算的被测植物的隶属度为 1 的标本进行对比分析，得到被测植物的每个外形特征的隶属度。

步骤 4　利用 TOPSIS，对隶属度进行综合评价，鉴别出被测植物。

具体计算过程如下。

（1）确立隶属度综合评价的评价矩阵 F

如果步骤 2 计算的隶属度值只有一项或者没有一项等于 1 时，评价矩阵 F 为步骤 2 所得的隶属度矩阵；否则，评价矩阵 F 为步骤 3 计算所得结果。

（2）确定评价矩阵 F 的理想点

其理想点的计算式为

$$F^* = ((\max_i f_{ij} \mid j \in J) 或 (\min_i f_{ij} \mid j \in J^0))^{\mathrm{T}} \tag{3-9}$$

其中，F^* 为理想点集，f_{ij} 为第 i 个被评价方案的第 j 个项的值，J 是求最大的目标函数编号集，J^0 是求最小目标的函数集。

（3）确定评价矩阵 F 的最差点

其最差点的计算式为

$$F^0 = ((\min_i f_{ij} \mid j \in J) 或 (\max_i f_{ij} \mid j \in J^0))^{\mathrm{T}} \tag{3-10}$$

其中，F^0 为最差点集，f_{ij} 为第 i 个被评价方案的第 j 个项的值，J 是求最大的目标函数编号集，J^0 是求最小目标的函数集。

（4）计算评价矩阵 F 中各被评价方案到理想点的距离

其计算式为

$$L_2(i) = \sqrt{\sum_{j=1}^{m} (f_{ij} - f_j^*)^2}，\ 1 \leqslant i \leqslant n \tag{3-11}$$

其中，$L_2(i)$ 为第 i 个被评价方案到理想点的距离，f_{ij} 为第 i 个被评价方案的第 j 个项的值，f_j^* 为理想点的第 j 项的值，n 为被评价方案的个数。

（5）计算评价矩阵 F 中各被评价方案到最差点的距离

其计算式为

$$L_2^0(i) = \sqrt{\sum_{j=1}^{m} (f_{ij} - f_j^0)^2}，\ 1 \leqslant i \leqslant n \tag{3-12}$$

其中，$L_2^0(i)$ 为第 i 个被评价方案到最差点的距离，f_{ij} 为第 i 个被评价方案的第 j 个项的值，f_j^0 为最差点的第 j 项的值，n 为被评价方案的个数。

（6）计算评价矩阵 F 中各被评价方案到理想点的相对接近度

其计算式为

$$l_i = L_2^0(i) / [L_2(i) + L_2^0(i)]，\ 1 \leqslant i \leqslant n \tag{3-13}$$

其中，l_i 为第 i 个被评价方案到理想点的相对接近度，$L_2^0(i)$ 为第 i 个被评价方案到最差点的距离，$L_2(i)$ 为第 i 个被评价方案到最理想点的距离，n 为被评价方案的个数。

（7）优劣排序

根据评价矩阵 F 中各被评价方案到理想点的相对接近度 l_i 对各案做出优劣排序。

步骤（6）所述的相对接近度 l_i 是一个介于为 0 与 1 之间的值，对理想点 F^* 而言，其相对接近度 $l_i = 1$；对最差点 F^0 而言，其相对接近度 $l_i = 0$。因此相对接近度 l_i 越大，说明该被评价方案越接近最理想点，越好；反之，相对接近度 l_i 越小，说明该被评价方案越接近最差点，越差。

3.5　实　　例

本书将利用 3.4 节所述的植物鉴别方法，对植物中的竹进行鉴别。被测竹的实测值分别为：秆高 10m，直径 5cm，节间长 30cm，秆壁厚 5mm，叶长 20cm，叶宽 3cm。具体鉴别过程如下。

步骤 1　构建竹的外形特征标本数据库。

选取竹的秆高、直径、节间长、秆壁厚、叶长和叶宽等 6 个数值型参数为外形特征参数，从《世界竹藤》中选择了 15 种常见竹，建立竹的外形特征标本数据库，如表 3-1 所示。

表 3-1　竹的外形特征标本数据库

序号	竹名	秆高/m	直径/cm	节间长/cm	秆壁厚/mm	叶长/cm	叶宽/cm
1	*Bambusa arundinacea*	10，24	5，15	30，45	10，50	7，22	0.5，1.5
2	*Bambusa balcooa*	16，24	8，15	20，45	20，25	15，30	2.5，5.0
3	*Bambusa blumeana*	8，20	5，15	20，35	8，30	10，25	0.8，2.0
4	*Bambusa burmanica*	8，20	7，12	25，45	10，25	15，25	1.5，3.0
5	*Bambusa Chungii*	5，10	4，8	60，80	3，5	7，21	1.0，3.5
6	*Bambusa wenchouensis*	12，16	8，10	35，50	16，20	9，16	1.2，2.0
7	*Dendrocalamus aspera*	20，30	8，20	20，50	10，20	20，30	1.5，50
8	*Dendrocalamus farinosus*	8，15	4，10	20，45	4，10	9，33	1.5，6.0
9	*Dendrocalamus giganteus*	20，30	20，30	30，45	10，30	15，45	3，6
10	*Gigantochloa albociliata*	6，10	2，6	20，40	5，10	15，20	2.0，2.5
11	*Gigantochloa atroviolacea*	8，15	5，10	30，50	5，8	20，28	2，5
12	*Phyllostachys aurea*	5，12	2，5	15，30	4，8	6，12	1.0，1.8
13	*Phyllostachys iridescens*	8，12	4，7	17，24	6，7	8，17	1.2，2.1
14	*Schizostachyum brachycladum*	8，13	4，8	20，50	2，5	20，40	3，7
15	*Schizostachyum funghomii*	7，12	4，10	40，70	3，5	20，30	2.5，4.0

步骤 2　利用梯形云模型，计算被测植物的隶属度，实现被测植物的初步鉴别。

（1）确定梯形云模型的期望值区间 $[E_{x1}, E_{x2}]$

根据竹的外形特征标本数据库表 3-1 的数据，确定期望值区间 $[E_{x1}, E_{x2}]$，如表 3-2 所示。

表 3-2　梯形云模型的期望值区间（省去了竹种名称）

序号	秆高/m		直径/cm		节间长/cm		秆壁厚/mm		叶长/cm		叶宽/cm	
	E_{x1}	E_{x2}	E_{x1}	E_{x2}	E_{x1}	E_{x2}	E_{x1}	E_{x2}	E_{x1}	E_{x2}	E_{x1}	E_{x2}
1	10.0	24.0	5.0	15.0	30.0	45.0	10.0	50.0	7.0	22.0	0.5	1.5
2	16.0	24.0	8.0	15.0	20.0	45.0	20.0	25.0	15.0	30.0	2.5	5.0
3	8.0	20.0	5.0	15.0	20.0	35.0	8.0	30.0	10.0	25.0	0.8	2.0
4	8.0	20.0	7.0	12.0	25.0	45.0	10.0	25.0	15.0	25.0	1.5	3.0
5	5.0	10.0	4.0	8.0	60.0	80.0	3.0	5.0	7.0	21.0	1.0	3.5
6	12.0	16.0	8.0	10.0	35.0	50.0	16.0	20.0	9.0	16.0	1.2	2.0
7	20.0	30.0	8.0	20.0	20.0	50.0	10.0	20.0	20.0	30.0	1.5	5.0
8	8.0	15.0	4.0	8.0	20.0	45.0	4.0	10.0	9.0	33.0	1.5	6.0

续表

序号	秆高/m		直径/cm		节间长/cm		秆壁厚/mm		叶长/cm		叶宽/cm	
	E_{x1}	E_{x2}	E_{x1}	E_{x2}	E_{x1}	E_{x2}	E_{x1}	E_{x2}	E_{x1}	E_{x2}	E_{x1}	E_{x2}
9	20.0	30.0	20.0	30.0	30.0	45.0	10.0	30.0	15.0	45.0	3.0	6.0
10	6.0	10.0	2.0	6.0	20.0	40.0	5.0	10.0	15.0	20.0	2.0	2.5
11	8.0	15.0	5.0	10.0	30.0	50.0	5.0	8.0	20.0	28.0	2.0	5.0
12	5.0	12.0	2.0	5.0	15.0	30.0	4.0	8.0	6.0	12.0	1.0	1.8
13	8.0	12.0	4.0	7.0	17.0	24.0	6.0	7.0	8.0	17.0	1.2	2.1
14	8.0	13.0	4.0	8.0	20.0	50.0	2.0	5.0	20.0	40.0	3.0	7.0
15	7.0	12.0	4.0	10.0	40.0	70.0	3.0	5.0	20.0	30.0	2.5	4.0

（2）计算梯形云模型熵 E_n

根据梯形云模型熵计算式 $E_n = (E_{x1} \times 0.2)/3$，分别计算出各被测植物的外形特征熵，如表 3-3 所示。

表 3-3 外形特征熵值表

序号	秆高/m	直径/cm	节间长/cm	秆壁厚/mm	叶长/cm	叶宽/cm
1	0.6667	0.3333	2.0000	0.6667	0.4667	0.0333
2	1.0667	0.5333	1.3333	1.3333	1.0000	0.1667
3	0.5333	0.3333	1.3333	0.5333	0.6667	0.0533
4	0.5333	0.4667	1.6667	0.6667	1.0000	0.1000
5	0.3333	0.2667	4.0000	0.2000	0.4667	0.0667
6	0.8000	0.5333	2.3333	1.0667	0.6000	0.0800
7	1.3333	0.5333	1.3333	0.6667	1.3333	0.1000
8	0.5333	0.2667	1.3333	0.2667	0.6000	0.1000
9	1.3333	1.3333	2.0000	0.6667	1.0000	0.2000
10	0.4000	0.1333	1.3333	0.3333	1.0000	0.1333
11	0.5333	0.3333	2.0000	0.3333	1.3333	0.1333
12	0.3333	0.1333	1.0000	0.2667	0.4000	0.0667
13	0.5333	0.2667	1.1333	0.4000	0.5333	0.0800
14	0.5333	0.2667	1.3333	0.1333	1.3333	0.2000
15	0.4667	0.2667	2.6667	0.2000	1.3333	0.1667

（3）利用梯形云模型的数字特征对被测植物的外形特征进行描述

对竹的外形特征标本数据库中的每一项外形特征进行梯形云模型描述。例如，对竹的秆高为 1—5m 这一项竹的外形特征，用梯形云模型描述的数字特征为

$$\text{MEC}(x)=\begin{cases}\exp\left[-(x-1)^2/(2\times0.6666^2)\right], & x<1 \\ 1, & 1\leqslant x\leqslant5 \\ \exp\left[-(x-5)^2/(2\times0.6666^2)\right], & x>5\end{cases}$$

其梯形云模型如图 3-4 所示。

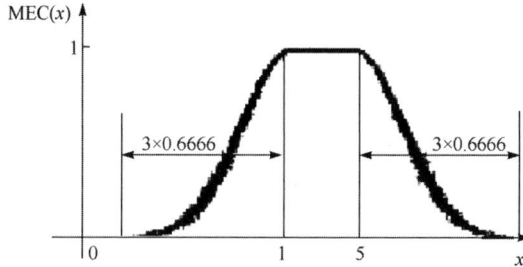

图 3-4　秆高 1—5m 竹的梯形云模型示意图

（4）计算隶属度

根据所计算的期望值区间 $[E_{x1},E_{x2}]$ 和熵 E_n，利用梯形云描述的被测植物的数字特征，分别计算出被测竹的各外形特征的隶属度，如表 3-4 所示。

表 3-4　基于梯形云模型的被测竹与标本数据库外形特征对应的隶属度

序号	秆高/m	直径/cm	节间长/cm	秆壁厚/mm	叶长/cm	叶宽/cm
1	1.0000	1.0000	1.0000	0.0000	1.0000	0.0000
2	0.0000	0.0000	1.0000	0.0000	1.0000	1.0000
3	1.0000	1.0000	1.0000	0.0000	1.0000	0.0000
4	1.0000	0.0001	1.0000	0.0000	1.0000	1.0000
5	1.0000	1.0000	0.0000	1.0000	1.0000	1.0000
6	0.0439	0.0000	0.1007	0.0000	0.0000	0.0000
7	0.0000	0.0000	1.0000	0.0000	1.0000	1.0000
8	1.0000	1.0000	1.0000	1.0000	1.0000	1.0000
9	0.0000	0.0000	1.0000	0.0000	1.0000	1.0000
10	1.0000	1.0000	1.0000	1.0000	1.0000	0.0009
11	1.0000	1.0000	1.0000	1.0000	1.0000	1.0000
12	1.0000	1.0000	1.0000	1.0000	0.0000	0.0000
13	1.0000	1.0000	0.0000	0.0439	0.0000	0.0000
14	1.0000	1.0000	1.0000	1.0000	1.0000	1.0000
15	1.0000	1.0000	0.0009	1.0000	1.0000	1.0000

步骤 3　利用正态云模型，对隶属度为 1 的标本与被测植物进行正态云模型计算，得到被测植物的精确隶属度。

经过步骤 2 的计算，得到被测竹与序号为 8、11 和 14 的三种竹对比的隶属度均为 1，所以需要再利用正态云模型对被测竹与序号为 8、11 和 14 的三种竹进行隶属度计算，鉴别出被测竹最可能为哪一种竹，其具体步骤如下。

（1）确定正态云模型的期望值

根据正态云模型的期望值 E_x 为外形特征区间值的中间值，得到正态云模型的期望值，如表 3-5 所示。

表 3-5　正态云模型的期望值

序号	秆高/m	直径/cm	节间长/cm	秆壁厚/mm	叶长/cm	叶宽/cm
8	11.5	6	32.5	7	21	3.75
11	11.5	7.5	40	6.5	24	3.5
14	10.5	6	35	3.5	30	5

（2）计算正态云模型的熵 E_n

根据计算式 $3E_n = (E_1 - E_2)/2$，得到熵 E_n 的结果，如表 3-6 所示。

表 3-6　正态云模型的熵 E_n

序号	秆高/m	直径/cm	节间长/cm	秆壁厚/mm	叶长/cm	叶宽/cm
8	1.1667	0.6667	4.1667	1.0000	4.0000	0.7500
11	1.1667	0.8333	3.3333	0.5000	1.3333	0.5000
14	0.8333	0.6667	5.0000	0.5000	3.3333	0.6667

（3）通过正态云期望和熵确定正态云期望曲线方程

对竹的外形特征标本数据库中的每一项外形特征进行正态云模型描述。例如，竹的秆高为 1—5m 这一项竹的外形特征，用正态云模型描述的数字特征为

$$\text{MEC}(x) = \exp\left[-(x-3)^2 / (2 \times 0.3333^2)\right]$$

其正态云模型如图 3-5 所示。

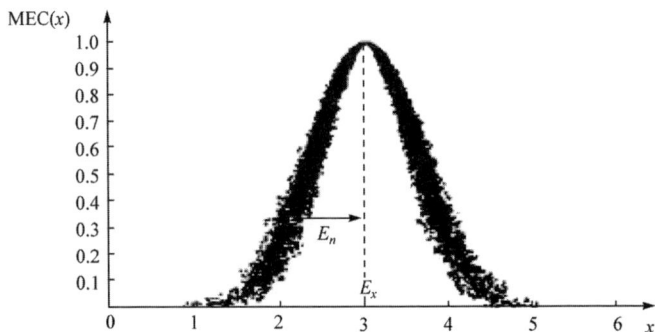

图 3-5　秆高 1—5m 竹的正态云模型示意图

（4）计算隶属度

根据所计算的期望值 E_x 和熵 E_n，利用正态云描述的被测植物的数字特征，分别计算出被测竹的各外形特征的隶属度，如表 3-7 所示。

表 3-7 基于正态云模型的被测竹与标本数据库外形特征对应的隶属度

序号	秆高/m	直径/cm	节间长/cm	秆壁厚/mm	叶长/cm	叶宽/cm
8	0.2163	0.8007	0.0000	0.1353	0.0003	0.8537
11	0.2163	0.1142	0.0000	0.7548	0.0000	0.9692
14	0.9169	0.8007	0.0000	0.7548	0.0000	0.4111

步骤 4 利用 TOPSIS，对隶属度进行综合评价，鉴别出被测植物。

（1）确立隶属度综合评价的评价矩阵 F

经过步骤 2 的计算，得到被测竹与序号为 8、11 和 14 的三种竹对比的隶属度均为 1，所以评价矩阵 F 为步骤 3 的计算结果，即

$$F = \begin{bmatrix} 0.2163 & 0.8007 & 0.0000 & 0.1353 & 0.0003 & 0.8537 \\ 0.2163 & 0.1142 & 0.0000 & 0.7548 & 0.0000 & 0.9692 \\ 0.9169 & 0.8007 & 0.0000 & 0.7548 & 0.0000 & 0.4111 \end{bmatrix}$$

（2）确定评价矩阵 F 的理想点

根据式（3-9）得到

$$F^* = \begin{bmatrix} 0.9169 & 0.8007 & 0.0000 & 0.7548 & 0.0003 & 0.9692 \end{bmatrix}$$

（3）确定评价矩阵 F 的最差点

根据式（3-10）得到

$$F^0 = \begin{bmatrix} 0.2163 & 0.1142 & 0.0000 & 0.1353 & 0.0000 & 0.8537 \end{bmatrix}$$

（4）计算评价矩阵 F 中各被评价方案到理想点的距离

根据式（3-11）得到

$$L_2 = \begin{bmatrix} 0.9423 \\ 0.9809 \\ 0.5581 \end{bmatrix}$$

（5）计算评价矩阵 F 中各被评价方案到最差点的距离

根据式（3-12）得到

$$L_2^0 = \begin{bmatrix} 0.6865 \\ 0.6302 \\ 1.2417 \end{bmatrix}$$

（6）计算评价矩阵 F 中各被评价方案到理想点的相对接近度

根据式（3-13）得到

$$l = \begin{bmatrix} 0.4215 \\ 0.3912 \\ 0.6899 \end{bmatrix}$$

根据相对接近度，可以得到被测竹最可能是竹 14（*Schizostachyum brachycladum*），其次是竹 8（*Dendrocalamus farinosus*）和竹 11（*Gigantochloa atroviolacea*）。

3.6 本 章 小 结

本章首先对语义中数据的内涵和类型进行了研究和分析，认为语义信息检索中的语义信息包含数值型数据、文本型数据、图像型数据等多种格式信息。针对竹藤领域知识特征，本书只对数值型数据和文本型数据的语义检索展开研究，其中本章只对竹藤领域数值型数据进行研究。

本章借鉴了植物鉴别方法中数量分类法的设计思想，提出了一种基于云模型/TOPSIS 的植物鉴别方法。该方法与现有技术相比较，具有以下特点：

① 利用植物外形特征值对未知植物进行鉴别和检索，有效地避免了关键词检索植物数据库时，对使用者专业知识要求过高，检索结果与需求不匹配的问题，扩大了检索范围，提高了检索精度。

② 本章的算法没有采用目前常用的将数字图像处理技术用于植物的鉴别和检索，主要是因为目前图像处理技术本身存在着一定的技术缺陷和局限性。考虑到目前已有大量的开放性植物数据库开发完成，而对这些数据库进行有效的检索，可以更方便快捷地实现植物的鉴别，本章提出的植物鉴别方法为植物鉴别工作提供了一种新思路。

③ 利用云模型对植物外形特征信息进行数字化描述，实现了植物外形特征信息的定性与定量之间的不确定转换，为基于植物外形特征信息的植物鉴别提供了理论基础。同时，分别利用梯形云模型与正态云模型的不同数字特性对植物外形特征进行描述，在保证鉴别精度的条件下扩大了检索范围，提高了鉴别效果。

第四章 基于互信息/条件随机场的中文领域术语识别方法

4.1 引　　言

知识库是语义检索引擎进行推理和知识积累的基础和关键，而本体则是知识库的基础。因此，要想实现语义信息检索，基于本体技术构建知识库是所有工作的前提。一般来说，本体可提供一组术语和概念来描述某个领域；知识库则是使用这些术语来表达该领域的事实。也就是说，本体提供一套概念和术语来描述某一领域，并且获取该领域的本质的概念结构；知识库就运用这些术语去表达现实或者虚拟世界中的正确知识。所以，不难理解，在本体和知识库的构建过程中，术语起到至关重要的作用。因此，本书在构建竹藤领域本体和语义信息检索模型前，首先对现有的领域术语自动识别方法进行分析和研究，力图探寻一种适用于竹藤领域知识特点的术语自动识别方法。

领域术语是领域专家用来刻画、描写领域知识的基本信息承载单元，是知识库中的核心成员，也是本体构成的基本单元。领域术语识别是指从特定的科学或技术领域的语料库中，抽取出专业领域的术语。现有的中文文本信息中的术语识别方法主要包括基于规则、基于统计和基于机器学习三类方法，其中基于统计的互信息算法和基于机器学习的条件随机场算法应用最为广泛，识别效果较好。

但互信息算法的性能直接依赖于语料库的规模和候选术语的词频，针对有些低频率候选术语也可能是合法术语的数据稀疏问题，却难以获得理想的识别效果。而条件随机场算法的性能主要依赖于学习（训练）语料的多少，但是现在的学习（训练）语料基本上都为手动或半自动标注的，人为参与度高，工作量大，导致普遍识别量不大，极大地制约了该算法的识别精度；同时，该算法还需要先利用通用的分词工具对语料进行分词，然后再对分词后的语料进行条件随机场训练和测试，最终才能实现术语的识别。所以利用条件随机场算法进行领域术语识别的前提是：假设现有的通用分词工具可以对该领域的词汇进行准确分词，并且领域术语比分词工具所分的词粒度大。但是，由于专业领域术语与普通词汇存在差距，用一般性分词工具很难实现对专业领域语料的准确分词。

因此，目前互信息和条件随机场算法在领域术语识别过程中自动识别程度较低，且识别精度不高。本章将针对竹藤的语言学特征，在创建竹藤语料库的基础上，提出一种适用于竹藤的领域术语自动识别方法。

本章的组织结构如下：4.2 节介绍领域术语及其自动识别方法等相关理论及技术；4.3 节介绍基于互信息/条件随机场的中文领域术语识别方法；4.4 节为实验结果与分析；4.5 节对本章进行小结。

4.2　相关理论及技术

4.2.1　领域术语

1. 领域术语的概念

据中华人民共和国国家标准 GB/T15237.1—2000《术语工作词汇》的定义，术语是特定专业领域中一般概念的词语指称，是在一个学科领域内使用，表示该学科领域内的概念或关系的词或词组[76]。术语是通过语音或文字来表达或限定专业概念的约定性符号，是在一个学科领域中使用，表示该学科领域内概念、特征或关系的词语。术语可以是词，也可以是词组[77]。

术语可以分为日常生活中使用的一般性术语和特定领域中使用的专业术语。一般性术语多是按人们的生活和工作习惯形成的，不要求它在概念的表达上严格准确，其含义往往比较模糊。专业术语是对一个专业概念的系统性、概括性的描述，不允许模棱两可，每一个专业术语表达的概念都必须准确无误，不能因使用人的不同而不同[78]。

2. 领域术语的特征

领域术语一般只在特定的领域文本中出现，具有一定的领域特征，其特征主要表现在：

① 领域术语一般只在一个或几个特定的领域流通，只有该特定领域的人使用，而一般词语在各个领域都流通，是所有使用该语言的人通用的。

② 领域术语是本领域的高流通度的词语，但离开本领域其流通度很小，一般趋于零。

③ 一般词语基本上在每个领域中都是共用的，领域术语是各个专门领域独用的词语，各个领域互不相通。

④ 每个学科领域的词语集合由一般词语集合加上这个领域的术语组成[79]。

4.2.2　领域术语识别方法

领域术语识别（field term recognition）是指从特定的科学或技术领域的语料

库中抽取出专业领域的术语[80]。领域术语自动识别作为信息抽取的重要内容，在自然语言处理领域有着广泛的应用，对于提高领域文本索引与检索、文本挖掘、本体构建、文本分类和聚类、潜在语义分析等的处理精度有着重要的意义[81-84]。

目前国内外已有很多学者针对领域术语的识别进行了研究，尤其是国外已经推出了一些相关的成熟产品，但是大部分关于领域术语识别的研究是针对英文等西方语言的。中文与西方语言，特别是英文相比，存在自身的特点和难点，主要如下：

① 中文词汇可以看作是一个动态、开放的集合。这个集合是不可能用有限的词典包含的，因此中文词汇是不可能被穷举的，并且还会不断出现新的词汇，如新的专业术语的产生、一些新的网络用语的产生等。

② 中文在表达方式上灵活多变，并且存在着大量的歧义和多义现象，如果想对这些词汇进行正确的标注，就需要借助语义层次分析，而这往往是比较困难的。

③ 相对于英文来说，中文词汇没有空格标志作为词语边界，也没有首字母大写作为专业术语等的文本特征，这就使中文术语的识别变得更为困难。目前，在对中文术语进行识别时，一般都要与中文分词工作相结合。

由于这些原因，中文领域术语识别要比英文领域术语识别困难得多，不能直接套用已成熟的西方语言术语识别理论和技术。现有的中文文本信息中的领域术语识别方法主要有基于规则、基于统计量度和基于机器学习三类。

1. 基于规则的中文领域术语识别方法

基于规则的中文领域术语识别方法是一种以领域术语词典和规则模板为基础，将常用的领域术语以术语词典的形式进行存储，对词典中没有的术语，通过构建规则模板的方法来进行领域术语识别的方法。其中，规则模板可通过分析领域术语的内部和外部特征来制定，如领域术语内部组成、上下文关系和首尾字词等[85-88]。

这种术语识别方法的优点在于实现起来比较简单，在语言学知识与文本匹配的情况下准确率高，尤其对低频领域术语的抽取效果较好。但是，由于该方法以规则模板为基础进行术语识别，而规则的制定主要依赖于具体语言、领域和文本格式，如果需要系统移植，则需要重新制定，修改的难度很大，这就造成了规则模板的通用性、适应性和可移植性较差。另外，在规则的制定过程中，需要大量专业领域人员进行手工操作，使得规则模板的制定成本巨大、耗时耗力、维护更新慢，而且规则的完备性和合理性较难得到保证。

2. 基于统计量度的中文领域术语识别方法

基于统计量度的中文领域术语识别方法是建立在统计学和信息论基础上，依据术语的领域特征信息,利用领域术语内部各组成成分之间关联程度较强的特点,实现领域术语的自动识别的方法。这种方法一般流程是:首先,建立各种统计信息,根据统计结果,确定比较准确的种子词;然后,在此基础上不断扩展,最终获得领域术语[89]。常见的方法有:词语频率、均值和方差等一般统计方法,以及 T 检验、卡方检验、对数似然比、点互信息等以假设为前提的统计方法[90-97]。

利用统计方法进行领域术语的识别的优点在于:不需要句法、语义上的信息,不局限于某一专门领域,也不依赖任何资源,通用性较强。但是,这种方法的识别性能直接依赖于语料库的规模和候选领域术语的词频,造成一些低频率的候选领域术语也可能是被认为是合法的领域术语,这就是一般认为的数据稀疏现状。

3. 基于机器学习的中文领域术语识别方法

近年来,人工智能和机器学习相关研究得到了较快的发展,利用机器学习方法进行的中文领域术语识别已经成为目前的研究热点,并取得了较好的领域术语识别效果。这种领域术语识别方法以建立手工或半自动的训练语料为前提,根据某种机器学习算法对训练语料进行学习,以生成领域术语识别模型;然后利用生成的领域术语识别模型,对测试语料进行领域术语识别实验,从而验证这种识别方法的有效性。该方法主要包括:隐马尔可夫模型(hidden Markov mode,HMM)、决策树(decision tree)、最大熵模型(maximum entropy mode,MEM)、支持向量机(support vector machine,SVM)、最大熵马尔可夫模型(maximum entropy Markov mode,MEMM)和条件随机场模型(conditional random field,CRF)等。

基于机器学习的领域术语识别方法在术语识别过程中,不需要相关领域专家和语言知识专家的参与,最大程度上实现了机器自主学习,减少了人力资源,具体实现可行性大;同时,该方法在考虑多种术语特征的情况下,也可以得到较好的识别效果。目前,这种领域术语识别方法进一步应用的最大制约在于训练语料的构建成本巨大,以及训练语料与测试语料的同构性要求较高等方面。

4.2.3　互信息

如果 (X,Y) 是一对离散随机变量,其联合概率分布密度函数为 $p(x,y)$,那么 (X,Y) 的联合熵 $H(X,Y)$ 定义为

$$H(X,Y) = -\sum_{x \in X} \sum_{y \in Y} p(x,y) \log p(x,y) \tag{4-1}$$

设离散随机变量 (X,Y) 的联合概率分布密度函数为 $p(x,y)$,在已知随机变量 X 的情况下,随机变量 Y 的条件熵实际上表示在已知 X 的情况下,传输 Y 额外所需的平均信息量,计算公式为

$$H(X|Y) = -\sum_{x \in X} \sum_{y \in Y} p(x,y) \log p(y|x) \qquad (4\text{-}2)$$

根据熵的连锁规则，可得到

$$H(X) - H(X|Y) = H(Y) - H(Y|X) \qquad (4\text{-}3)$$

这个差值称为随机变量 X 和 Y 之间的互信息，一般用 $I(X;Y)$ 表示，计算公式为

$$I(X;Y) = \sum_{x \in X} \sum_{y \in Y} p(x,y) \log \frac{p(x,y)}{p(x)p(y)} \qquad (4\text{-}4)$$

实际上互信息表示在已知随机变量 Y 的值后随机变量 X 的不确定性的减少量，即随机变量 Y 揭示了关于随机变量 X 的信息量的多少。

4.2.4 条件随机场模型

1. 条件随机场理论

在一个隐马尔可夫模型中，以 $x_1, x_2, \cdots, x_n$ 表示观测值序列，以 $y_1, y_2, \cdots, y_n$ 表示隐含的状态序列，那么 x_i 只取决于产生它们的状态 y_i，与前后的状态 y_{i-1} 和 y_{i+1} 都无关。显然在很多应用里观察值 x_i 可能与前后的状态都有关，如果把 x_i 和 y_{i-1}、y_i、y_{i+1} 都考虑进来，这样的模型就是条件随机场模型。

条件随机场模型是隐马尔可夫模型的一种扩展，它保留了隐马尔可夫模型的一些特性，比如 $y_1, y_2, \cdots, y_n$ 等状态的序列还是一个马尔可夫链。从广义的角度讲，条件随机场模型也可以看作是一种特殊的概率图模型。在这个图中，顶点代表随机变量，比如 x_1 和 y_1，顶点之间的弧代表其相互的依赖关系，通常采用一种概率分布如 $P(x_1, y_1)$ 来描述。它的特殊性在于变量之间要遵守马尔可夫假设，即每个状态的转移概率只取决于相邻的状态，这一特点与贝叶斯网络概率图模型相似，不同之处在于贝叶斯网络是有向图，条件随机场是无向图。

在实际应用中，条件随机场的节点分为状态节点的集合 Y 和观察变量节点的集合 X。整个条件随机场的量化模型就是这两个集合的联合概率分析模型

$$P(X,Y) = P(x_1, x_2, \cdots, x_n, y_1, y_2, \cdots, y_m)$$

由于这个模型的变量特别多，不可能获得足够多的数据来用大数定理直接估计，因此只能通过它的一些边缘分布，比如 $P(x_1)$、$P(y_2)$、$P(x_1, y_3)$ 等来找出一个符合所有这些条件的概率分布函数[98]。

2. 条件随机场模型的优点

条件随机场模型使用一种概率图模型，具有表达长距离依赖性和交叠性特征的能力，能够较好地解决标注（分类）偏置等问题，而且所有特征可以进行全局

归一化，能够求得全局的最优解。同时，条件随机场模型可以融合各种特征到模型中，并且特征容易更换，可以灵活地选择特征供进行分词应用，从而克服了隐马尔可夫模型强独立性假设条件和最大熵模型的标记偏置问题[98]。

3. 条件随机场模型的不足

虽然条件随机场模型是一个非常灵活的用于预测的统计模型，不仅可用于领域术语抽取，而且在模式识别、机器学习和句子分析等方面都有很成功的应用。但是，和最大熵模型一样，条件随机场模型虽然形式简单，但是实现起来却是复杂的。模型训练过程中时间、空间复杂度远超过以往模型。另外，条件随机场模型缺乏特征选择机制。在实际应用中，一般可通过对语料库中产生的特征的出现频率设定阈值来进行筛选。

4.3　基于互信息/条件随机场的中文领域术语识别方法

4.3.1　问题提出

领域术语自动识别作为信息抽取的重要内容，在自然语言处理领域有着广泛的应用，对于提高领域文本索引与检索、文本挖掘、本体构建、文本分类和聚类、潜在语义分析等的处理精度有着重要的意义。现有的中文文本信息中的领域术语识别方法如下。

1. 基于统计方法的中文领域术语识别方法

该方法是利用领域术语内在的各成分之间的关联度，及领域术语自身的特征信息来进行领域术语抽取的一种方法。该方法的一般操作流程是：首先，依据统计学和信息论中的一些方法，对各种统计信息进行计算，确定出较为准确的种子词；然后，在此基础上不断扩展，获取最终的领域术语。词语频率、均值和方差是比较常用的统计方法，更多的学者使用假设检验的方法，主要有 T 检验、点互信息、对数似然比和卡方检验等。用统计方法识别领域术语不需要句法、语义相关的信息，不局限于某一专门领域，也不依赖任何资源，所以该方法的通用性较强。

其中，基于统计的互信息算法应用最为广泛。例如，文献[99]提出了一种利用互信息进行中文术语自动抽取的方法，该方法首先利用互信息计算字串内部的结合强度，建立术语候选集；然后，对术语候选集进行过滤；最后，对过滤后的术语候选集进行词法分析，最终实现了术语的自动抽取和识别。实验结果表明，利用互信息算法对术语进行抽取的准确率为 72.19%，召回率为 77.98%，F 测量值为 74.97%。又如，文献[100]提出了一种将 C 值和互信息相结合的术语抽取方法，该方法提出综合 C-value 参数在长术语抽取方面具有优势，实验结果表明，该方法对长术语进行抽取的准确率为 75.7%，召回率为 68.4%，F 测量值为 71.9%，高于相同语料下的其他方法。但是这些算法的性能直接依赖于语料库的规模和候选领域术语的词频，针对有些低频率候选术语也可能是合法术语的数据稀疏问题难以解决，所以单纯利用互信息算法对领域术语进行识别，其识别的准确率、召回率以及 F 测量值均难以达到 80% 以上，很难获得理想的识别效果。

2. 基于机器学习的中文领域术语识别方法

该方法主要步骤是：首先，使用手动或半自动的方式建立一个训练语料库；然后，基于一些机器学习算法对训练语料进行学习，从而生成模型；最后，利用所生成的模型对被测试语料进行领域术语抽取实验，来验证算法的有效性。目前已用于中文领域术语识别的机器学习方法主要包括：支持向量机、最大熵马尔可夫模型、隐马尔可夫模型、决策树、最大熵模型和条件随机场模型等。基于机器学习的术语识别方法不需要专家的领域知识和语言知识，可实施性大；在考虑多种术语特征的情况下，可以得到较好的识别或抽取效果。

目前，基于机器学习的中文领域术语识别方法中条件随机场模型应用最为广泛。例如,文献[101]提出了一种针对中医领域的基于条件随机场的术语抽取方法，该方法选择《名医类案》作为中医领域文本进行术语抽取实验，准确率达到 83.11%，召回率达到 81.04%，F 测量值达到 82.06%。又如，文献[102]提出了一种适用于军事情报领域的基于条件随机场的术语抽取方法，该方法首先利用条件随机场工具包，针对军事情报领域语料特点，训练出一个适用于军事情报领域的领域术语特征模板，然后在该模板的基础上进行军事情报领域术语的抽取。实验表明，该方法对军事情报领域术语的识别结果良好，准确率达到 73.24%，召回率达到 69.57%，F 测量值达到 71.36%。

利用条件随机场算法进行领域术语识别时，训练语料基本上都为手动或半自动标注的，人为参与度高，工作量大，导致普遍识别量不大，制约了该算法的识别精度和应用。同时，需要先利用通用的分词工具对语料进行分词，然后再对分词后的语料进行条件随机场训练和测试，最终才能实现术语的识别。所以利用条件随机场算法进行领域术语识别的前提是，假设现有的通用分词工具可以对该领域的词汇进行准确分词，并认为领域术语比分词工具所分的词粒度大。但是，由于专业领域术语与普通词汇存在差距，用一般性分词工具很难实现对专业领域语料的准确分词。因此，目前互信息和条件随机场方法在领域术语识别过程中自动识别程度较低，且识别精度不高。

鉴于以上所述的现有技术存在的问题，本章提出一种基于互信息和条件随机场模型的中文领域术语识别方法。该方法在对语料进行粗分词的基础上，首先基于互信息算法对语料进行精确分词，并利用左右信息熵对精确分词中的子词进行剔除；然后，对新分词的相对频率进行计算；最后，以词本身、词性、词的相对频率三个特征作为条件随机场模型的训练特征，利用条件随机场模型训练出一个领域术语特征模板，利用该模板进行领域术语识别。该方法在术语识别时，不仅能克服合法术语的数据稀疏，降低条件随机场模型的运算量，而且能够提高中文领域术语识别精度。

4.3.2　算法步骤

基于互信息/条件随机场的领域术语识别方法的主要步骤如下。

1. 利用互信息进行精确分词

由于中文词语的平均长度为 1.6 个汉字，因此我们仅考虑相邻的两个（bi-gram）、三个（tri-gram）和四个（quad-gram）词语之间的互信息。两个、三个和四个词语之间的互信息计算公式为

$$\text{bi-gram：} \quad MI(x,y) = \frac{N(x,y)}{N(x)+N(y)-N(x,y)} \tag{4-5}$$

$$\text{tri-gram：} \quad MI(x,y,z) = \frac{N(x,y,z)}{N(x)+N(y)+N(z)-N(x,y,z)} \tag{4-6}$$

$$\text{quad-gram：} \quad MI(x,y,z,w) = \frac{N(x,y,z,w)}{N(x)+N(y)+N(z)+N(w)-N(x,y,z,w)} \tag{4-7}$$

其中，bi-gram 中的 $N(x)$ 表示语料库中词 x 出现的频次，$N(x,y)$ 表示词 x 和 y 共现频率，$MI(x,y)$ 越大，表示词 x 和 y 组成新词的可能性越大。tri-gram 和 quad-gram 中的参数意义类似。

2. 利用信息熵剔除子词

左信息熵定义为

$$H_L = -\sum_{i=1}^{V_L} p(w_i W) \times \log p(w_i W), \quad \sum_{i=1}^{V_L} p(w_i W) = 1 \tag{4-8}$$

右信息熵定义为

$$H_R = -\sum_{i=1}^{V_R} p(W w_i) \times \log p(W w_i), \quad \sum_{i=1}^{V_R} p(W w_i) = 1 \tag{4-9}$$

其中，W 表示给定的一个 n-gram（$n=2,3,4$）；$p(w_i W)$ 和 $p(W w_i)$ 分别表示 w_i 出现在 W 左侧和右则时的概率值；V_L 和 V_R 表示 W 左边和右边所有出现的词集合。W

的左右信息熵越大，表明 W 越有可能成为新词。例如，在互信息计算中得到的词除了"披针形"外，还包括"披针"和"针形"。根据左右信息熵提取准则，"披针形"为最有可能的新词，"披针"和"针形"为子集，并非新词。

3. 去除停用词

经过互信息和信息熵的计算，对于语料中的词进行了新的分词，新词包括词和短语。但是这些新词中存在一些不能反映领域相关知识的高频词，比如"是""的""并且"这些词都属于无用的高频词。由于本算法将利用新词的相对频率作为条件随机场的训练特征，所以需要将这些与领域无关的高频词进行过滤。本方法将领域文本中的叹词、虚词等高频词与停用词表进行对比，对停用词进行标注。

4. 计算新词的相对频率

基于统计的术语识别算法中，出于计算量的考虑，通常设定一个阈值 α，只考虑出现频率大于或等于该阈值的 n-gram，其他的不予计算。但是，这样的处理会漏掉一些低频术语。本书将词的相对频率作为下一步的条件随机场的一个训练特征，所以并不设置阈值 α，只是对标注的停用词不计算相对频率。

5. 利用条件随机场进行领域术语识别

基于条件随机场模型的领域术语识别主要分为两个模块：领域术语识别模型生成模块和领域术语识别模块。领域术语识别模型生成模块的主要功能是针对标注好的训练语料，根据选择的特征集和制定的特征模板，利用条件随机场模型工具包生成领域术语识别模型;领域术语识别模块的主要功能是输入带识别的文本，对其进行分词并计算其特征值，利用领域术语识别模型识别出领域术语，其输出是识别出的领域术语。

该方法利用互信息和信息熵对训练语料进行自动标注，同时为了更少地运用领域知识，并使算法具有良好的领域通用性，提高条件随机场的计算速度，本方法仅选用了三个常用的特征，即词本身、词性、词的相对频率，作为条件随机场模型的特征集合。由于条件随机场模型仅把特征作为标记，而相对频率均为浮点数值，不能直接用其作为特征，所以要对上述特征进行弱分类，采用 K-Means 聚类方法，将相对频率值分为十个等级，每个等级为一类。

4.3.3　实例

基于互信息和条件随机场模型的中文领域术语识别方法的实例计算流程如图 4-1 所示。

```
                              ┌─────────┐
                              │   开始   │
                              └─────────┘
                                   │
步骤1              ┌──────────────────────────────────────────┐
                  │ 收集领域文本语料，对语料中所有的标点符号、空格、  │
                  │ 数字、ASCII字符以及汉字以外字符进行标记          │
                  └──────────────────────────────────────────┘
                                   │
步骤2              ┌──────────────────────────────────────────┐
                  │      设置字串W，计算字串W的互信息值            │
                  └──────────────────────────────────────────┘
                                   │
步骤3              ┌──────────────────────────────────────────┐
                  │           计算字串W左右信息熵                 │
                  └──────────────────────────────────────────┘
                                   │
步骤4              ┌──────────────────────────────────────────┐
                  │ 定义字串W评价函数，设置评价函数rank(W)阈值，计    │
                  │ 算各字串的评价函数值，确定字串W为词，依次比较     │
                  │ 该字串W中前一字xₙ的评价函数值与后一字xₙ₋₁的评价   │
                  │ 函数值，得到各字串W中对应的比值，其比值再与评     │
                  │ 价函数rank(W)阈值比较，逐一对字义字串W分词       │
                  └──────────────────────────────────────────┘
                                   │
步骤5              ┌──────────────────────────────────────────┐
                  │ 以词、词性、词的出现频率的随机场的训练特征，      │
                  │ 利用条件随机场训练出一个领域术语条件随机场       │
                  │ 模型，用该模型进行领域术语识别                  │
                  └──────────────────────────────────────────┘
                                   │
                              ┌─────────┐
                              │   结束   │
                              └─────────┘
```

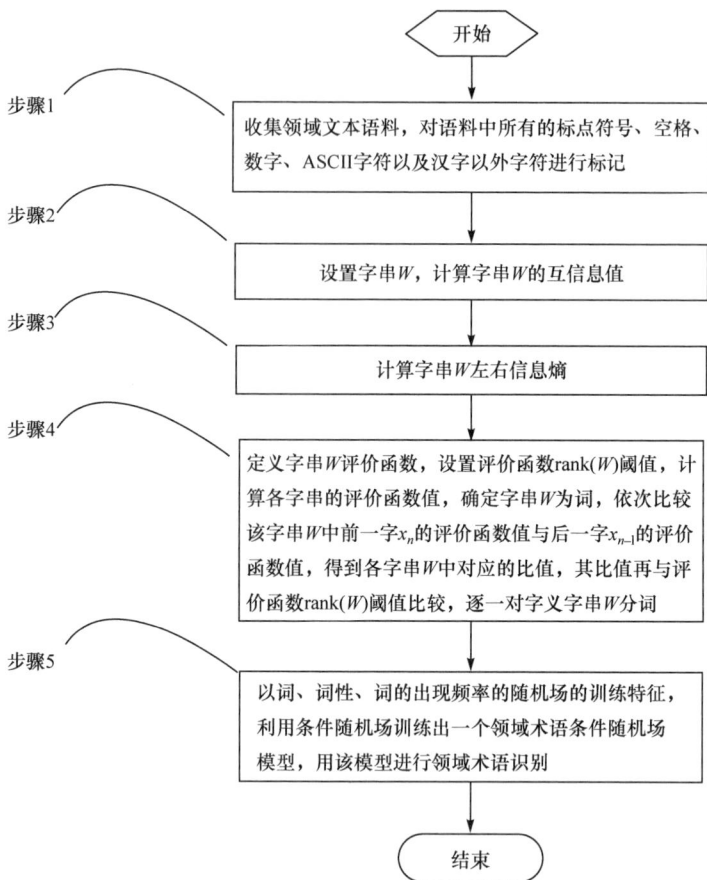

图 4-1　实例计算流程图

步骤 1　收集领域文本语料，对语料中所有的标点符号、空格、数字、ASCII 字符以及汉字以外字符进行标记。

例如，本实例选取《中国植物志》第九卷竹亚科的电子书稿作为领域文本语料。首先，将语料按 4:1 的比例随机地划分为训练语料和测试语料两部分；然后，检索出语料中所有标点符号、空格、数字、ASCII 字符以及汉字以外字符，在上述字符前后分别用"//"符号进行标记；最后，参照汉语词性表，对所有代词、叹词、助词和虚词，以及首字为"和、有、的、得、将、把、从、了、是、则、在、每、这、该、给、所、使、为、不、着、了、很、该、与、得、的"词的前后分别用"//"符号进行标记。

步骤 2　设置字串 W，计算字串 W 的互信息值。

假设一个领域术语是由 n 个字组成，如果字串 W 为一个领域术语，那么字串 W 由 $x_1, x_2, x_3, \cdots, x_n$ 个字组成，字串 W 的互信息值计算公式为

$$\text{MI}(W) = \frac{N(x_1, x_2, x_3, \cdots, x_n)}{N(x_1) + N(x_2) + N(x_3) + \cdots + N(x_n) - N(x_1, x_2, x_3, \cdots, x_n)} \quad (4\text{-}10)$$

其中，W 表示一个由 n 个字组成的字串；x_i 表示组成字串 W 的第 i 个字，$i = 1, 2, 3, \cdots, n$；$N(x_i)$ 表示语料库中字 x_i 出现的频次；$N(x_1, x_2, x_3, \cdots, x_n)$ 表示字 $x_1, x_2, x_3, \cdots, x_n$ 同时出现的频次；$\text{MI}(W)$ 表示字串 W 中所有字与字之间的互信息。

由于本书认为中文领域术语的长度不大于 4 个字，并且认为中文领域术语中间不可能出现标点符号、空格、数字、ASCII 字符以及汉字以外字符，同时也不可能出现叹词、虚词、指示代词等词，所以本书对语料文本中所有字分别计算其 2-word、3-word、4-word 的互信息值，当遇到标记符"//"时停止计算，其互信息值的计算公式参见步骤 3。

例如，语料"边缘被流苏状毛//, //"，其中 2-word 包括"边缘""缘被""被流""流苏""苏状"和"状毛"；3-word 包括"边缘被""缘被流""被流苏""流苏状"和"苏状毛"；4-word 包括"边缘被流""缘被流苏""被流苏状"和"流苏状毛"。部分互信息计算结果为 MI(边, 缘) = 0.82，MI(被, 流) = 0.37，MI(边, 缘, 被) = 0.23，MI(边, 缘, 被, 流) = 0.08，MI(被, 流, 苏, 状) = 0.41。

步骤 3 计算字串 W 左右信息熵。

判断一个字串是否为词，不仅要考虑字串内部字与字之间的结合紧密度，即字之间互信息的大小；同时，还要考虑字串之间的边界自由程度，即在字串边界出现的邻接字的种类越多，则认为字串左右信息熵越大，也就是字串边界的自由度越大。其左右信息熵的计算公式参见式（4-8）、式（4-9）。

例如，语料"边缘被流苏状毛//, //"中，部分左信息熵计算结果为 H_L(边, 缘) = 0.71，H_L(被, 流) = 0.91，H_L(边, 缘, 被) = 0.34，H_L(被, 流, 苏) = 0.42，H_L(边, 缘, 被, 流) = 0.17，H_L(被, 流, 苏, 状) = 0.19；右信息熵计算结果为 H_R(边, 缘) = 0.52，H_R(被, 流) = 0.93，H_R(边, 缘, 被) = 0.56，H_R(被, 流, 苏) = 0.31，H_R(边, 缘, 被, 流) = 0.14，H_R(被, 流, 苏, 状) = 0.29。

步骤 4 定义字串 W 评价函数，设置评价函数 rank(W) 阈值，计算各字串的评价函数值，确定字串 W 为词，依次比较该字串 W 中前一字 x_n 的评价函数值与后一字 x_{n-1} 的评价函数值，得到各字串 W 中对应的比值，其比值再与评价函数 rank(W) 阈值比较，逐一对字义字串 W 分词，其步骤如图 4-2 所示。

步骤 4.1 定义字串 W 评价函数，其计算式为

$$\text{rank}(W) = \partial \times \text{MI}(W) + (1 - \partial) \times \frac{H_L(W) + H_R(W)}{2} \quad (4\text{-}11)$$

其中，W 表示给定的一个由 n 个字组成的字串；$\text{MI}(W)$ 表示字串 W 中字符之间的互信息值；$H_L(W)$ 表示字串 W 的左信息熵值；$H_R(W)$ 表示字串 W 的右信息熵

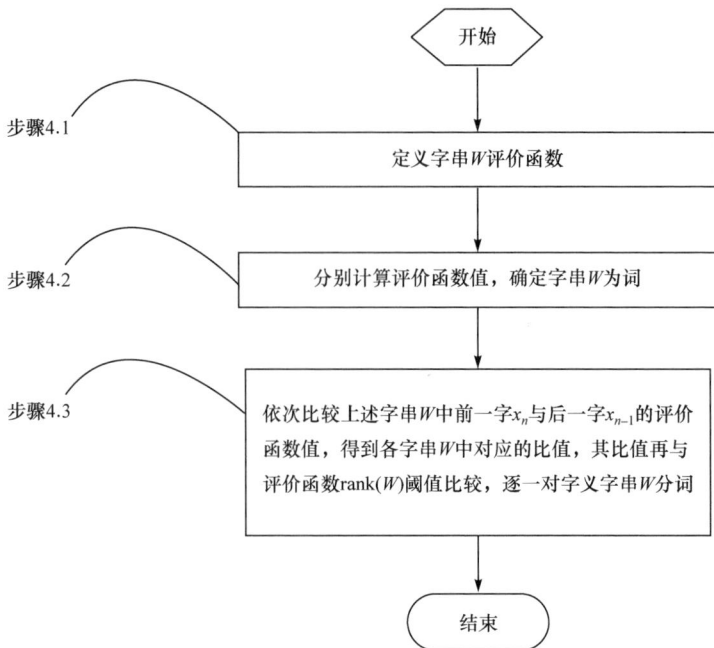

图 4-2 算法步骤 4 的流程图

值；∂ 为平衡因子，用以调节信息熵与互信息值在评价函数中的权值。

步骤 4.2 分别计算评价函数值，确定字串 W 为词。

根据式（4-11）分别计算所有字串的评价函数值，其中 ∂ 取 0.5，并认为当评价函数值大于阈值 0.8 时，该字串 W 为词。

例如，语料"边缘被流苏状毛//，//"，部分评价函数计算结果为 rank(边，缘) = 0.7175， rank(被，流) = 0.645， rank(边，缘，被) = 0.34， rank(被，流，苏) = 0.4975， rank(边，缘，被，流) = 0.1175， rank(被，流，苏，状) = 0.325。

步骤 4.3 依次比较上述字串 W 中前一字 x_n 与后一字 x_{n-1} 的评价函数值，得到各字串 W 中对应的比值，其比值再与评价函数 rank(W) 阈值比较，逐一对字义字串 W 分词。

首先，从语料的第一个字开始，分别选取长度为 4、3、2、1 的子字串，记作 $W(4-\text{word})$、$W(3-\text{word})$、$W(2-\text{word})$ 和 $W(1-\text{word})$；然后，对 $W(4-\text{word})$ 和 $W(3-\text{word})$ 的评价函数进行比较，如果 $\dfrac{\text{rank}(W(4-\text{word}))}{\text{rank}(W(3-\text{word}))} \geqslant 0.8$，则认为 $W(4-\text{word})$ 为新词，在 $W(4-\text{word})$ 前后分别以符号"*"进行标注；反之，认为 $W(4-\text{word})$ 不是新词，则丢弃尾部的最后一个字，对 $W(3-\text{word})$ 和 $W(2-\text{word})$

的评价函数进行比较，如果 $\dfrac{\text{rank}(W(3-\text{word}))}{\text{rank}(W(2-\text{word}))} \geqslant 0.8$，认为 $W(3-\text{word})$ 为新词，在 $W(3-\text{word})$ 前后分别以符号"*"进行标注；反之，认为 $W(3-\text{word})$ 不是新词，则丢弃尾部的最后一个字，对 $W(2-\text{word})$ 的评价函数进行判断，如果 $\text{rank}(W(2-\text{word})) \geqslant 0.8$，认为 $W(2-\text{word})$ 为新词，在 $W(2-\text{word})$ 前后分别以符号"*"进行标注；反之，认为 $W(1-\text{word})$ 为新词，在 $W(1-\text{word})$ 前后分别以符号"*"进行标注。只要有新词被标注，就从新词后的第一个字开始，再分别选取长度为 4、3、2、1 的子字串，记作 $W(4-\text{word})$、$W(3-\text{word})$、$W(2-\text{word})$ 和 $W(1-\text{word})$，重新进行评价函数的比较，当遇到"//"符号时跳过。如此反复，直至所以语料处理完为止。

例如语料"边缘被流苏状毛//，//"。首先，从第一个字开始截取长度分别为 4、3、2、1 的子字串，即"边缘被流""边缘被""边缘"和"边"；其次，判断 $\dfrac{\text{rank}(\text{边,缘,被,流})}{\text{rank}(\text{边,缘,被})}$ 是否大于等于 0.8，根据步骤 4.1 评价函数的计算结果，可知 $\dfrac{\text{rank}(\text{边,缘,被,流})}{\text{rank}(\text{边,缘,被})} = 0.3455$ 小于 0.8，即字串"边缘被流"不是新词；再次，判断 $\dfrac{\text{rank}(\text{边,缘,被})}{\text{rank}(\text{边,缘})}$ 是否大于等于 0.8，根据步骤 4.1 评价函数的计算结果，可知 $\dfrac{\text{rank}(\text{边,缘,被})}{\text{rank}(\text{边,缘})} = 0.4738$ 小于 0.8，故字串"边缘被"也不是新词；然后，判断 $\text{rank}(\text{边,缘})$ 是否大于等于 0.8，根据步骤 4.1 评价函数的计算结果，可知 $\text{rank}(\text{边,缘}) = 0.82$ 大于 0.8，故字串"边缘"是新词。当判断出新词，从新词后的第一个字开始再选取 4、3、2、1 个字串，作为新一轮的 $W(4-\text{word})$、$W(3-\text{word})$、$W(2-\text{word})$ 和 $W(1-\text{word})$，即"被流苏状""被流苏""被流"和"被"，再重复以上步骤进行比较，当遇到"//"符号时跳过，直到结束。所以语料"边缘被流苏状毛//，//"的最后分词结果为"*边缘*被*流苏状*毛//，//"。

步骤 5　以词、词性、词的出现频率的随机场的训练特征，利用条件随机场训练出一个领域术语条件随机场模型，用该模型进行领域术语识别，其步骤如图 4-3 所示。

步骤 5.1　以词、词性、词的出现频率在语料中进行标注。

依次对字义字串 W 分词标注特征序列，该词的标注的特征序列分别为：当前词本身、当前词的词性、当前词的出现频率。采用 K-Means 聚类方法，将上述当前词的出现频率分为十个等级，每个等级为一类，十个类分别表示为 A、B、C、D、E、F、G、H、I、J，将已标注的特征序列分为两部分：训练已标注的特征序列、测试已标注的特征序列。

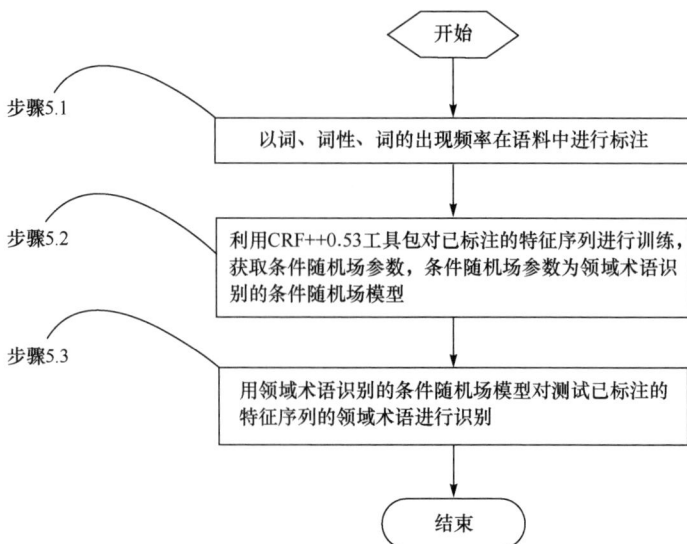

图 4-3　算法步骤 5 的流程图

步骤 5.2　利用 CRF++0.53 工具包对已标注的特征序列进行训练，获取条件随机场参数，条件随机场参数为领域术语识别的条件随机场模型。

步骤 5.3　用领域术语识别的条件随机场模型对测试已标注的特征序列的领域术语进行识别。

将测试已标注的特征序列输入到步骤 5.2 训练后获得的领域术语识别的条件随机场模型，利用该条件随机场模型计算出特征值，识别出领域术语，输出结果为识别出的领域术语。例如语料"边缘被流苏状毛//，//"，最终识别出"边缘"和"流苏状"为竹藤领域术语。

4.4　实验结果与分析

4.4.1　实验设置

本书选取《中国植物志》第九卷，竹亚科（*Bambusoideae Nees*）的电子书稿作为领域文本语料进行实验。实验采用 4∶1 的比例随机地将语料划分为训练集和测试集，采取 5 重交叉验证（5-fold cross validation）方法进行实验评测，最后再将 5 次实验结果取平均作为最终结果。实验采用了顺次加入特征并训练模型的思想，从简单到复杂，记录所加入特征对识别结果的影响。语料规模的大小以词汇量的大小计算。实验采用 Taku Kudo 开发的 CRF++0.54 工具包进行训练和测试。

本书选用三个评价指标作为评测指标，即准确率、召回率和 *F* 测量值，其计

算公式分别为

$$P = \frac{正确识别术语个数}{识别术语总数} \times 100\%$$ （4-12）

$$R = \frac{正确识别术语个数}{术语总数} \times 100\%$$ （4-13）

$$F = \frac{2 \times P \times R}{P + R} \times 100\%$$ （4-14）

4.4.2　实验一：与互信息、信息熵及单纯条件随机场算法的识别效果比较

实验共分为4组：第1组利用互信息算法对测试语料进行领域术语识别；第2组利用互信息和信息熵对测试语料进行领域术语识别；第3组直接利用未进行互信息、信息熵和相对频率标注的语料作为训练语料，以词本身、词性作为特征，生成条件随机场模型，再利用条件随机场模型对测试语料进行领域术语识别；第4组利用本书所提出的基于互信息/条件随机场的领域术语识别方法对测试语料进行领域术语识别。

实验所采用的词性标注系统为哈尔滨工业大学机器智能与翻译研究室的词性标注系统，具体标注规范参见《哈工大汉语树库标注集》。该标注系统采用的标注符号有三种，分别为B、I、O。其中，B表示一个术语的开始，I表示术语除启示词汇外的其他词汇，O为其他。使用的窗口宽度为5，即对某个字符进行标注的时候，除观察序列在该处的字符，还考虑前后各2个字符共5个字符。

4组实验结果如表4-1所示。对比第1组和第2组，发现第2组的准确率好于第1组，但是召回率几乎相同，如图4-4所示。这印证了加入信息熵后，由于可有效地剔除子词，减少了识别总数，但并没有减少识别的正确数，所以在召回率不变的情况下，提高了识别准确率。

表4-1　实验结果

	术语总数	识别术语总数	正确识别术语个数	准确率/%	召回率/%	F测量值/%
第1组	378	437	291	66.59	76.98	71.41
第2组	378	415	295	71.08	78.04	74.40
第3组	946	1347	693	51.45	73.26	60.44
第4组	946	1048	824	78.63	87.10	82.65

对比第3组和第4组，发现不管是准确率还是召回率，本书所提出的算法比单纯利用条件随机场的方法要好，如图4-5所示。这说明先利用互信息、信息熵

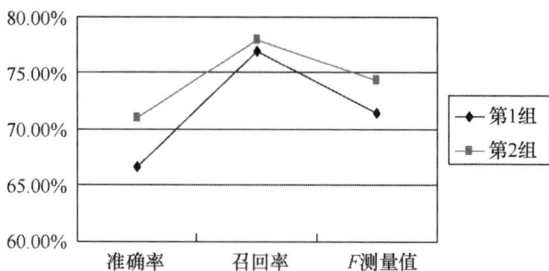

图 4-4　第 1 组和第 2 组实验结果比较

对训练语料进行标注，并将相对频率作为条件随机场特征的方法，可在原条件随机场方法的基础上有效地提高领域术语的识别效果。

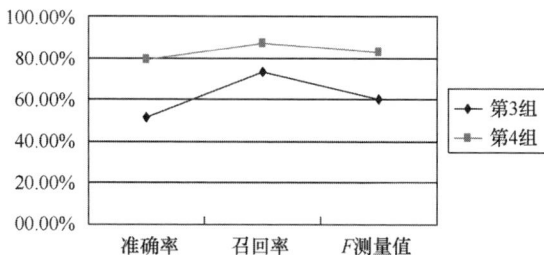

图 4-5　第 3 组和第 4 组实验结果比较

对比第 2 组和第 4 组，发现第 4 组的识别术语总数要高于第 2 组，除第 2 组只对测试语料进行实验导致术语总数减少外，也说明单纯利用互信息和信息熵的方法对只出现一次的术语识别能力较差，可能导致漏识别，如图 4-6 所示。

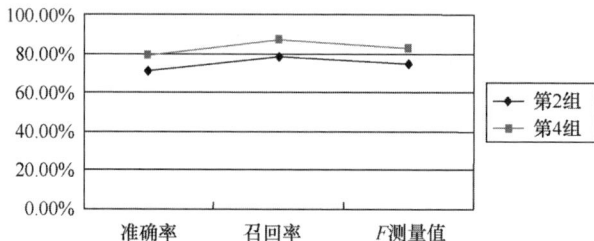

图 4-6　第 2 组和第 4 组实验结果比较

综上所述，本书提出的将互信息、信息熵与条件随机场相结合的领域术语识别方法优于单纯的互信息和条件随机场方法。

4.4.3　实验二：窗口宽度和标注集对本算法性能的影响

由实验一得知本书提出的基于互信息和条件随机场的领域术语自动识别算法对术语的识别效果要明显优于单纯的互信息和条件随机场算法。为了进一步对该算法的性能进行评测，本书对不同窗口宽度模板和字符标注体系对该算法的影响进行了比较实验。

1. 窗口宽度模板的选取

在利用条件随机场方法进行术语识别的过程中，窗口指包括当前词及其前后若干词的一个"观察窗口"。理论上讲，窗口宽度越大，可利用的上下文信息越多，但窗口开得过大除了会严重降低运行效率，还会产生过拟合现象；而窗口宽度过小，特征利用得就不够充分，会由于过于简单而丢失重要信息。

本书选取了 3 种窗口宽度，即 1、3、5。其中，窗宽 1 对某个字符进行标注的时候，只观察序列在该处的字符；窗宽 3 除了观察序列在该处的字符外，还考虑前后各 1 个字符共 3 个字符；窗宽 5 则考虑前后各 2 个字符共 5 个字符。以当前字符为中心，按照字符个数将模板编号为 T_1、T_2、T_3。

2. 字符标注体系的选取

在中文分词中，常采用 SLMR 标注体系对汉字进行标注：S 代表该字组成一个单字词，L 表示该字处于词的左端，M 表示该字处于词的中部，R 表示该字处于词的右端。例如句子"尾梢/下/弯"，其中"/"为词的分隔符，该句可标注为"LRSS"。对 SLMR 标注体系进行扩展，提出标注体系系列 A_{ij}，对每个汉字用两个数字进行标注，i 和 j 为两个参数。A_{ij} 的标注如此进行：对某个汉字，设其与前面最近的分隔相隔 $a-1$ 个汉字，其与后面最近的分隔相隔 $b-1$ 个汉字；又 $x = \min(i,a)$，$y = \min(j,a)$，那么该字的标注就是 $\overline{xy}$。

考虑到希望标注体系所含的信息前后均衡为最佳，所以在实验设计中删除了标注体系 A_{21}、A_{32}、A_{31}、A_{13}，而最终保留了标注体系 A_{12}、A_{22}、A_{23}、A_{33} 四种标注体系，并对这四种标注体系应用于竹藤领域术语识别的效果进行了实验。

3. 实验结果与分析

实验结果如图 4-7 所示，从图中可以看出：

① 标注体系 A_{23} 在窗口宽度 T_1、T_2、T_3 下均为最好效果，所以认为标注体系 A_{23} 最适用于植物领域术语识别。同时，还可以看出虽然标注体系 A_{33} 比 A_{23} 所含信息量多，但识别效果却不如标注体系 A_{23}，可能是因为标注类型过多所产生的数据稀疏问题导致的。

② 窗口宽度 T_3 在标注体系 A_{12}、A_{22}、A_{23}、A_{33} 下均为最好效果，所以认为窗口宽度 T_3 最适用于植物领域术语识别。

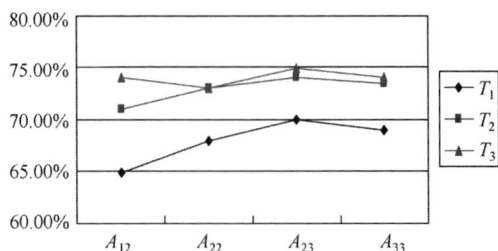

图 4-7　窗口宽度和标注集对算法的影响

4.5　本 章 小 结

本章提出了一种基于互信息和条件随机场的领域术语自动识别方法，该方法与现有技术相比较具有以下特点：

① 该方法将基于统计和机器学习的两类术语识别方法有机地结合在一起，有效地解决了单纯利用统计方法进行术语识别时的数据稀疏问题。

② 该方法利用互信息算法对语料进行分词和标注，实现了语料的自动标注。

③ 该方法仅采用了三个最为普通的词特征，作为条件随机场算法的训练特征，使该方法具有较强的领域通用性，有效地降低了条件随机场的运算量，减少了条件随机场的训练时间。

通过对本章方法的性能进行评测，显示该方法的 F 测量值明显优于互信息、信息熵和传统条件随机场算法，取得了较好的识别效果；同时，实验结果还表明在该方法下，标注体系 A_{23} 较其他体系更具优越性；窗口宽度 T_3 较其他模板性能更优。下一步的工作将扩充训练语料的规模，减少识别错误，并且将对更多的领域进行实验，进一步优化特征的选取，提高该方法的通用性。

第五章 竹藤领域语义信息检索模型

5.1 引 言

文本型数据的信息检索不同于数值型数据（也称为结构化数据）的查询，因为数值型数据查询无法就一个概念（或术语）对相关信息进行检索。本章将在第四章研究成果的基础上，进一步对竹藤领域中的文本型数据的语义信息检索相关问题展开研究。

根据 2.1 节、2.2 节和 2.3 节内容可知，领域语义信息检索可以对领域数据资源赋予明确的语义信息，使得计算机能智能地理解数据资源的具体含义，从而实现基于语义的自动检索。但是，目前关于领域语义信息检索的研究还处于探索性的理论研究阶段，存在一些不足：

① 虽然本体可以形式化表达领域中的各种概念及概念之间的关系，但是这些概念是利用该领域术语来进行表达的，因此领域术语集选取的好坏，将直接影响着构建的领域本体的质量。但是，目前领域本体尤其是农业本体中的领域术语集普遍借助于主题词表、叙词表和农业领域专家，依靠人工进行构建，代价十分巨大，并且进展缓慢。

② 研究人员普遍将研究重点集中在通过传统的分类法和叙词表，利用基于概念层次和关系规则的查询扩展方式，来提高检索精度和检索效果；忽视了本体中实例层次和概念关系对语义检索效果的影响，没有充分发挥出本体的知识结构优势，导致无法对深层次、复杂语义关系进行智能推理和检索。

③ 从目前的研究现状来看，针对领域知识特点的特定语义信息检索模型的研究还非常有限，且研究仅局限于领域术语与现有检索模型直接结合的范畴，并没有考虑到各领域术语间的复杂关系。

另一方面，虽然目前大量竹藤相关资料已经实现了数字化，为竹藤的快速鉴别和语义检索奠定了基础，但是全面实现竹藤语义信息检索，特别是文本型数据的语义信息检索，还需要解决以下几个问题：

① 竹藤领域知识的表示和度量问题。在竹藤信息研究中，无论是数值信息还是文本信息都存在不确定性和不确切性，如何利用人工智能技术将竹藤领域知识有效地的表示出来，是实现竹藤信息语义检索的基础。

② 竹藤领域文本信息的关联检索问题。主要需要实现以下两个层次的关联检

索：第一，依据竹藤文本中的语义信息，实现对相关竹藤的识别和检索；第二，以文献为桥梁，实现从竹藤到相关文献，再由文献到竹藤的关联检索。

③ 语义查询扩展问题。目前语义信息检索技术没有考虑竹藤领域知识所涉及领域知识范围较广，缺乏对多层次领域知识的关联查询能力。同时，利用本体实现语义检查的方法也存在一些局限性，如何在现有本体技术的基础上，有效地提高检索效果是竹藤领域语义信息检索模型的设计关键。

鉴于以上问题，本章研究重点是在竹藤本体库的构建基础上，将查询扩展技术和相关度模型相结合，结合竹藤领域知识的语义特征，提出竹藤领域语义信息检索模型，实现基于文本型数据的竹藤种类鉴别。

本章的组织结构为：5.2 节介绍语义信息检索的相关理论及技术；5.3 节介绍竹藤领域语义信息检索模型；5.4 节介绍竹藤本体构建；5.5 节介绍竹藤领域语义信息检索模型中的查询扩展；5.6 节介绍竹藤领域术语权重计算；5.7 节介绍竹藤领域语义信息检索模型中语义相关度的计算和排序方法；5.8 节进行实验及实验结果分析；5.9 节对本章进行小结。

5.2 相关理论及技术

5.2.1 信息检索模型

信息检索（information retrieval）指通过特定算法或模型从文档中搜索有价值的信息，它是自然语言处理的一个重要应用领域。信息检索的研究目的就是寻找从文档资料中获取可用信息的模型和算法。

目前，信息检索模型大致可分为以下四类：布尔模型、向量空间模型、概率模型、统计语言模型，如图 5-1 所示。

1. 布尔模型

布尔模型（Boolean model）是一个基于集合论和布尔代数的简单模型。该模型非常直观并有准确的语义含义。考虑到其固有的简洁形式，布尔模型过去受到了大量的关注，并被许多早期的商业文献目录系统采用。布尔模型将文档和用户提交的查询条件（索引项）用集合来表示，通过它们之间的集合逻辑运算来检索相关文档。布尔模型检索的是查询条件（索引项）是否出现在文档中，也就是说查询条件（索引项）、文档矩阵中的查询条件（索引项）和文档频率都是二值的。例如文档 $D_i = (t_{i1}, t_{i2}, \cdots, t_{in})$，其中 n 表示特征项的个数，t_{ik} 取值为 true（真）或 false（假）或第 k 项特征在文档 D_i 中，那么就赋值 true，否则为 false。查询 q 由三种操作符连接起来的索引项构成：非（not）、与（and）、或（or），可以表示成

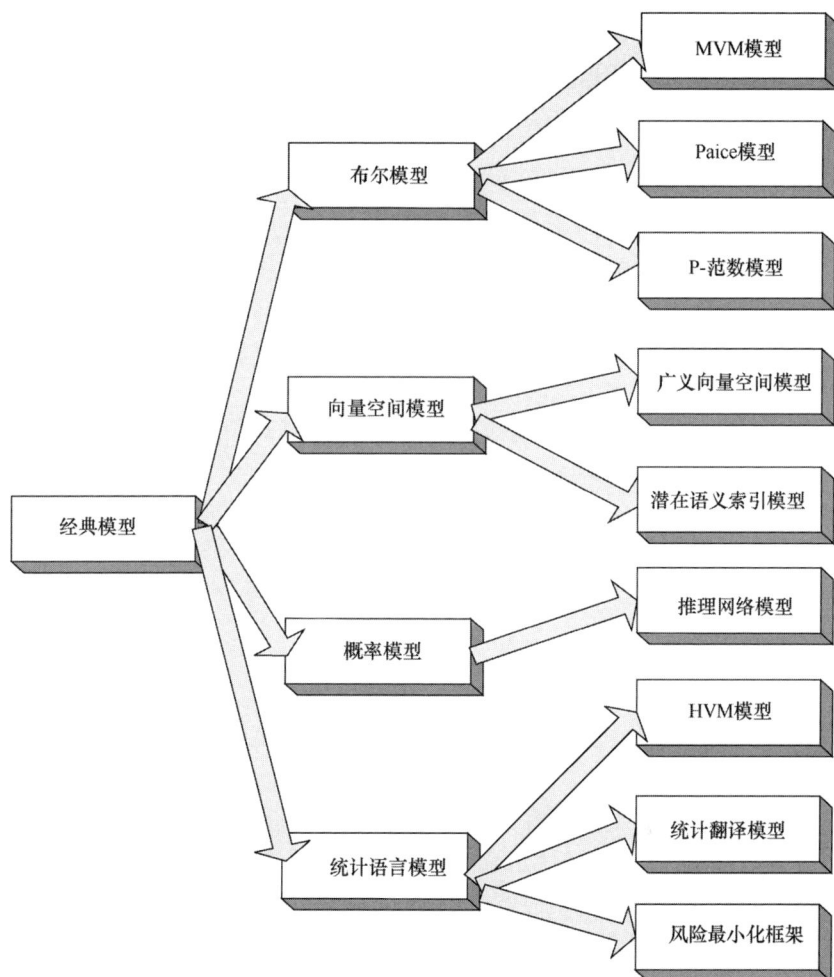

图 5-1　信息检索模型类型

析取范式。根据由布尔逻辑基本法则确定的匹配函数来计算文档与查询之间的相关性[103]。

　　布尔模型的主要优点是其模型背后的简洁形式，以及其由于采用二值索引项权重带来的简单性，使得基于该模型的检索系统易于实现，处理查询条件的时间短。但是，布尔模型还存在着很多缺陷，如以下几点：

　　① 布尔模型中，文档与查询的相似性是二元性的，所以检索结果只有 1（相关）或者 0（不相关）两个结果。也就是说，布尔模型不能描述文档与查询之间的部分相关性。

　　② 布尔模型没有排序，这会导致检出太少或者太多的文档，并且对大部分用户而言，编写布尔查询是非常烦琐的。

③ 布尔模型只作出是否相关的判断，不能提供相关度评分的函数，也就对检索到的文档没有办法进行相关性的排序。这与用户习惯性认为排在前面的文档是与查询条件最为相关的文档这一使用特点不相符，限制了模型的实际应用。

2. 向量空间模型

向量空间模型（vector space model）是一种广泛应用于信息检索的模型，主要原因是其具备概念简单、应用方便，以及利用空间相似性来逼近语义相似性等优点。文档和查询都在高维空间表示，其中空间的每一维都表示文档中的一个单词。如果文档向量和查询向量距离最近，那么这个文档和查询相关程度最大，它们之间的距离通常用向量之间的夹角来表示[104]。

在向量空间模型进行信息检索时，所计算的向量之间的夹角公式为

$$\cos(\vec{q}, \vec{d}) = \frac{\sum_{i=1}^{n} q_i d_i}{\sqrt{\sum_{i=1}^{n} d_i^2} \sqrt{\sum_{i=1}^{n} q_i^2}} \tag{5-1}$$

其中，$\vec{d}$ 和 $\vec{q}$ 为 n 维空间上的向量。在实际信息检索过程中，可认为 $\vec{d}$ 为查询词集，$\vec{q}$ 为文档的向量表示。通过计算文档和查询词集向量的夹角余弦值，可得到文档与查询词集之间的相关程度，夹角越小，相关程度越大；反之夹角越大，相关程度越小。

向量空间模型的主要优点有：查询项权重公式可以有效地提高检索质量；模型的部分匹配策略可以检出近似于查询条件的文档；模型中的余弦排序公式可以实现根据文档相对于查询的相似度进行排序；模型对文档长度归一化应用于排序中，使检索结果更合理。

但是，向量空间模型也存着一些问题：从理论上讲，向量空间模型中查询项被假定为相互独立，没有考虑查询项之间的相互依赖性；从实际应用方面来看，在没有查询扩展或者相关反馈的情况下，向量空间模型的最后排序结果可能很难进一步改进。

3. 概率模型

概率模型最早由 Robertson 和 Sparck Jones 于 1976 年提出。该模型是一种基于概率框架的信息检索解决方案。模型主要思路是：给定一个用户查询，有一个文档集恰好包含了所有相关的文档，且不包含其他文档，这个文档集称为理想答案集。如果能给定理想答案集的描述，就可以检出相关的文档。所以，把查询过程看作定义理想答案集属性的过程。

在概率模型中，给定用户查询条件 q，假定 R 为已知的相关文档集合，$\overline{R}$ 为

R的补集(即不相关文档集合)。$P(R|d_j)$表示文档d_j与查询条件q的相关的概率，$P(\overline{R}|d_j)$表示文档d_j与查询条件q的不相关的概率。则文档与查询条件q的相似性定义为

$$\text{sim}(d_j,q) = \frac{P(R|d_j)}{P(\overline{R}|d_j)} \qquad (5\text{-}2)$$

利用贝叶斯定律可得

$$\text{sim}(d_j,q) = \frac{P(d_j|R)\cdot P(R)}{P(d_j|\overline{R})\cdot P(\overline{R}_j)} \qquad (5\text{-}3)$$

其中，$P(d_j|R)$表示从相关文档集合R中任意选择文档d_j的概率，$P(R)$表示任意选择的文档与查询条件相关的概率，$P(d_j|\overline{R})$表示从不相关文档集合$\overline{R}$中任意选择文档d_j的概率，$P(\overline{R}_j)$表示任意选择的文档与查询条件不相关的概率。

假定索引检索词是互相独立的，舍去在给定查询条件的前提下对所有文档都是一致的变量参数，最终可得文档与查询条件的相似性计算公式为

$$\text{sim}(d_j,q) \approx \sum w_{i,q}\cdot w_{i,j}\cdot\left[\log_2\frac{P(k_i|R)}{1-P(k_i|R)}+\log_2\frac{P(k_i|\overline{R})}{1-P(k_i|\overline{R})}\right] \qquad (5\text{-}4)$$

其中，$P(k_i|R)$表示在相关文档集合R中索引检索词k_i出现的概率，$P(k_i|\overline{R})$表示在不相关文档集合$\overline{R}$中索引检索词k_i出现的概率。由于在检索开始时，并不能确定相关文档集合R，因此计算文档与查询条件的相似性的关键在于如何计算$P(k_i|R)$和$P(k_i|\overline{R})$[103]。

从理论上讲，概率模型的最大优点可以认为就是它的最优性，即基于系统可获得的信息能够计算文档的相关概率，并按照降序排列。然而，由于文档的相关性受到系统之外因素的影响，因此这种方法在实际应用中的效果并不突出。

概率模型还存在以下几点不足：需要做初始估测把文档分为相关和不相关集合；实际上没有考虑到查询项出现在文档中的频率，即所有的权重是二值的；缺乏文档长度的归一化。

4. 统计语言模型

统计语言模型产生于基于统计方法的自然语言处理系统的研究中，最早应用于语音识别系统中。统计语言模型就是对形成语言知识的元素的同现概率进行统计计算，用来反映这些元素的使用规律的模型。统计语言模型所计算出的元素同

现概率，可以在不需要对句子文法进行分析的情况下，估计出自然语言中每个句子出现的可能性。因此，它可以客观地描述大规模真实文本中细微的语言现象，并且具有处理大规模真实文本的能力。n-gram 模型是统计语言模型中最主要的一种。n-gram 模型就是通过统计语料库中相邻 n 个元素的同现概率进行分析的模型，可以利用该模型计算生成一个词串或者一个句子的概率[105]。与传统信息检索模型相比，统计语言模型具有以下优点：

① 已有研究结果表明，就算是简单的统计语言模型的检索性能也与性能最好的概率模型性能相当，甚至有时优于概率模型。并且，在统计语言模型中，可以通过数据平滑技术来调整最大似然估计的概率值，减少零概率的出现，有效地解决数据稀疏问题，从而提高信息检索效果。

② 统计语言模型可以避免传统概率模型需要调节参数的问题。在进行信息检索时，可以利用统计语言模型来估计与检索相关的参数，通过对语言模型更准确的参数估计，或者使用更加合理的语言模型来获得更好的检索性能。

③ 统计语言模型可以将语言知识、上下文信息和用户查询背景等多方面知识与信息检索相结合，建立适用于不同用户需要的复杂检索模型，最大限度地满足用户的检索需求，提高检索效果[106]。

5.2.2 查询扩展

查询扩展（query expansion）是查询优化的一个分支研究方向，目前已经成为改善信息检索中查全率和查准率的关键技术之一。查询扩展指利用计算机语言学、信息学和统计学等多种技术，在原用户查询词的基础上通过一定的方法和策略，把与原查询词相关的词、词组添加到原查询中，组成新的、更能准确表达用户查询意图的查询词序列，然后用新查询词对文档重新检索，从而改善信息检索中的查全率和查准率低的问题，解决信息检索领域的词不匹配问题，弥补用户查询信息不足的缺陷。

大量信息检索领域专家的研究表明，查询扩展是一种能有效解决这种词语的歧义及词不匹配问题的有效技术手段，通过一定的策略向初始查询中增加一些相关词语形成新的查询，以提供更多有利于判断文档相关性的信息，使用新的查询再次检索文档集，从而使更多的相关文档被检索出来。目前，常用的查询扩展有两种：查询扩展的局部分析方法和查询扩展的全局分析方法。

1. 查询扩展的局部分析方法

查询扩展的局部分析方法指在查询阶段根据给定查询 q 所检出的文档来决定用于查询扩展索引项，然后再次进行检索的一种查询扩展方法。这种方法类似于相关反馈循环，但却是在没有用户协助的情况下完成的。常见的局部策略有两种：

局部聚类和局部上下文分析。

查询扩展中使用的聚类技术从早期开始就是信息检索中的一项基本方法。标准过程是建立类似于关联矩阵那样的全局结构，量化索引项之间的相关关系，然后把相互关联的索引项用于查询扩展中。这种方法主要的问题是对于一般文档集，全局结构并不总是能有效地提高检索质量，因为全局结构可能不能很好地适应由当前查询定义的局部上下文。

局部上下文分析是一种结合全局分析和局部分析的方法。这种方法基于名词组使用，即单一的名词、相邻的两个名词，或者文本中相邻的三个名词，而不是简单的关键词。从排名靠前的文档中，选出的名词组成为文档中可用于查询扩展的概念。该方法使用段落而不是文档来决定索引项的共现。具体分析过程可分为三步：

① 使用原始查询检出前 n 个段落。通过把查询初始检出的文档分为固定长度的段落，把这些段落按文档的方式排序。

② 对于每一个排名靠前的段落中的概念 c，使用 TF-IDF 排序的变体计算整个查询 q 和概念 c 的相似度 sim。

③ 根据相似度 sim 排序的前 m 个概念被加入到原始查询 q 中。对于每个添加的概念，赋予一个权重 $1 - 0.9 \times i / m$，其中 i 是概念的排名。在原始查询中的项可以通过对每个项赋予权重来加强[107]。

局部分析方法是目前实际应用最广泛的查询扩展方法之一。但是，如果第一次检索时排在前面的文档与原查询相关度不大，伪相关反馈会把大量无关的词加入查询，从而严重降低查询精度，甚至低于不做扩展优化的情形[108]。

2. 查询扩展的全局分析方法

对于不同的文档集，如果精细地调整过，那么局部分析就能产生更好的检索质量，这是局部分析方法进行查询扩展的基本思想。但是，另一种方法是使用整个文档集中的信息来进行扩展查询，基于这种想法的查询扩展策略被称为全局分析方法。早期的典型全局分析方法是 1971 年 Sparck Jones 提出的词聚类方法，它是将文档中出现的词按共同发生的频率先行聚类，其后根据词的不同集合对查询进行扩展。目前，常用的全局分析方法一般有两种：基于相似度同义词的查询扩展和基于统计同义词的查询扩展。

基于相似度同义词的查询扩展大致可分为三步：

① 在用于表示索引项的同一个向量空间表达查询。

② 根据全局相似度同义词典，计算每个与查询项相关的索引项 k 和整个查询 q 的相似度 sim。

③ 根据相似度 sim，用前 r 个索引项进行扩展查询[107]。

基于统计同义词的查询扩展与基于相似度同义词的查询扩展的不同在于引入了文档簇的概念。因为全局同义词典是由整个文档集中相互关联的索引项组成的同义词类构成的，所以这些相互关联的索引项可以用来扩展原来的用户查询。为了取得更好的效果，选出的扩展项必须有较高的区分度，这就是说它们必须是低频项。但是，由于低频项的信息量少，因此难于对它们进行有效的聚类。为了避免这个问题，可以把文档聚成簇，并用簇内文档中低频项的集合来定义同义词类，这样就确保了文档聚类算法可以产生小而紧的簇。

全局分析方法进行查询扩展的最大优点在于可以最大限度地探求词间关系，并基于词典以较高的效率进行查询扩展。但是，如果文档集合非常大，建立全局的词关系词典在时间和空间上往往都是不可行的。

5.2.3 TF-IDF 算法

词频-逆向文件频率（term frequency-inverse document frequency，TF-IDF）算法是一种常用的加权技术。TF-IDF 的概念被公认为是信息检索中最重要的发明之一，其在搜索、文献分类和其他相关领域有着广泛的应用。其中，IDF 的概念最早是剑桥大学的 Sparck Jones 于 1972 年在一篇题为"关键词特殊性的统计解释和它在文献检索中的应用"的论文中提出的。

TF-IDF 算法认为一个查询词集中的每一个关键词的权重应该可以反映出这个词对查询词集提供了多少信息。最简单的一个方法就是用每个词的信息量作为它的权重。由于词的重要性一方面会随着其在某一文件中出现的次数的增多而增大，但是另一方面也会随着它在所有文件中出现的频率的增大而减小。例如，设某一类文件 D 中有 n 个文件包含词条 t，其他文件类中有 q 个文件包含词条 t。可以得到，所有文件中包含词条 t 的文件数目为 $n+q$，当 n 越小时，词条 t 的词频也越小，而逆词频却很大，就具有较好的区分度，其权重就应该越大。

TF-IDF 加权的各种形式通常使用在各种搜索引擎当中，用以作为根据用户查询关键词对匹配文件进行度量和评级的标准。除了 TF-IDF 之外，常用的搜索引擎还会用到基于链接分析的评级方法，用以确定文件在搜索结果中出现的顺序[109]。

1. TF 值的计算

在一个文件中词频（term frequency，TF）指某一个给特定词条在一个文件中出现的次数。同一个词条在文件长度较长的情况下，出现的频率很有可能要高于在文件长度较短的文件中出现的频率，并且词条频率与词条的重要性并无直接关系。因而，词频的值通常要进行规范化处理，以防止它偏向文件长度较长的文件。对于在某一指定文件里的词条 t_i 来说，它的重要性可以表示为词频，也就是

$$\mathrm{tf}_{i,j} = \frac{n_{i,j}}{\sum_k n_{k,j}} \tag{5-5}$$

其中，$n_{i,j}$ 是该词条在文件 d_j 中的出现次数，而分母则是在文件 d_j 中所有出现的词条之和。

2. IDF 权值的计算

逆向文件频率（inverse document frequency，IDF）是对于一个词条来说另一个重要的属性。对于某一特定词条来说，其 IDF 值的公式为

$$\mathrm{idf}_i = \log \frac{|D|}{\left|\left\{ j : t_{i \in d_j} \right\}\right|} \tag{5-6}$$

其中，$|D|$ 表示测试集中的文件总数，$\left|\left\{ j : t_{i \in d_j} \right\}\right|$ 表示测试集中包含词条 t_i 的文件个数。如果这一词条不在文本集中，就出现除数为 0 的情况，因此一般情况下使用 $1 + \left|\left\{ j : t_{i \in d_j} \right\}\right|$。

在此引入 TF-IDF 权重值

$$\mathrm{tfidf}_{i,j} = \mathrm{tf}_{i,j} \times \mathrm{idf}_i \tag{5-7}$$

其中，词条 t_i 的 TF-IDF 权重值越大，则说明词条 t_i 的区分度越高。某一特定文件内较高的词频和该词条在整个文本集中的较低文件频率都可以产生出高权重的 TF-IDF。因此，TF-IDF 一般对常见词条的过滤效果较好，能够有效地保留重要性较强的词条。

5.3　竹藤领域语义信息检索模型

本章提出的竹藤领域语义信息检索模型如图 5-2 所示，由查询扩展和语义检索两个步骤组成。首先是对检索内容进行分析，应用查询扩展技术，对输入的初始检索词概念，依据概念相似关系对其进行语义扩展，得到一组扩展检索词集，作为语义检索的扩展集；然后，对扩展集中的检索条件分别从领域术语权重和语义相关度两个方面进行度量和综合排序，最终得到根据用户检索意图相关性排序的结果序列。

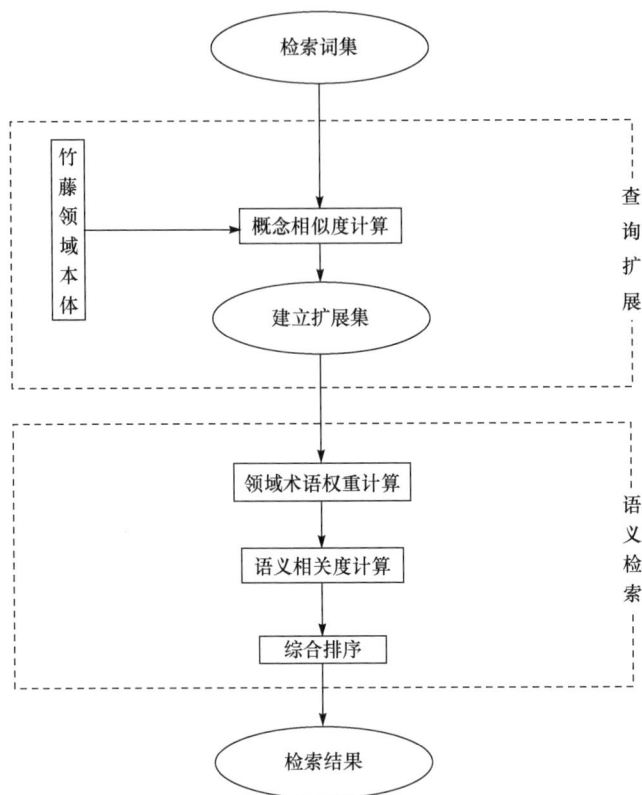

图 5-2　竹藤领域语义信息检索模型

5.4　竹藤本体构建

5.4.1　竹藤本体的设计

　　由于对于大型领域本体来说，简单的概念关系结构更有利于海量本体数据的存储，例如基因 GO 项目本体的建立，所以用于面向竹藤领域的语义信息检索所需的领域本体，将主要利用领域本体中的检索核心概念与关系构成，这样既保证了竹藤领域本体结构简单、可维护性强，又有利于今后对于该领域本体的扩展。主要创建步骤为：

　　① 依据竹藤领域知识特征，利用第四章提取出的竹藤领域术语及其关系，对竹藤领域核心概念进行确定和描述，建立竹藤领域本体的核心概念。

　　② 将所有竹藤作为实例，利用竹藤本体核心搜索概念及其关系进行表示，建立较为通用的语义信息检索使用的核心信息本体资源库。

　　③ 采用网络本体语言（Web ontology language，OWL）对竹藤领域本体进行

形式化描述，并选用斯坦福大学医学院的医学情报学研究组开发研制的 Proégé 作为本体构建工具，用 Jena 实现本体与数据库之间的连接、本体的完备性检验和推理等功能。

5.4.2　竹藤领域本体知识表示

竹藤领域知识涵盖了植物学、地理学、生态学等多个领域的知识，本书采用本体的形式对竹藤领域知识的语义进行表示。本体的结构采用一个五元组 $0:=(C, R, Hc, Rel, Ao)$ 来表示，这里的 C 和 R 是两个不相交的集合，其中 C 中的元素称为概念（concept），R 中的元素为关系（relation），Hc 表示概念间的层次，Rel 表示概念间的非分类关系（non-taxonomy relation），Ao 表示本体公理（axiom）。

本书以《中国植物志》为基础，采用第四章提出的领域术语识别方法，对竹藤领域本体的术语进行提取，并在此基础上定义概念间的类属（member-of）和组成（part-of）关系。c_i is-a c_j 表示概念 c_i 是概念 c_j 的子类，是概念 c_j 的特化；而概念 c_j 为概念的超类，是概念 c_i 的泛化。概念 c_i 将继承所有概念 c_j 的属性，而概念 c_i 的实例都归属于概念 c_j。概念间还存在着 part-of 关系。c_i part-of c_j 表示概念 c_i 是概念 c_j 组成的一部分。将本体中的概念抽象成图的结点（vertex），将概念间的关系抽象成节点间的连接（link），可用图的形式表示本体结构，如图 5-3 所示。

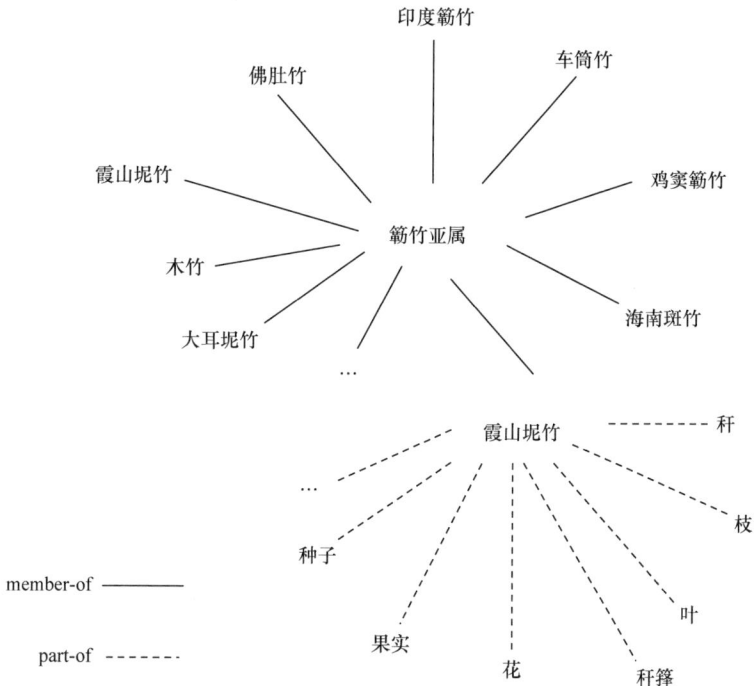

图 5-3　竹藤领域本体关系示例

本书在表示竹藤语义内容时，将簕竹超族、梨竹族、梨竹属、梨竹等一类具有典型类属关系的概念表示为 member-of 关系，如图 5-4 所示。同时，本书首次提出对竹藤外形特征进行本体描述的方法。其中，将竹藤的外形分为地上、地下两大部分，并对地上部分再细分为秆、枝、叶、秆箨、种子、花、果实、花序等8 个概念；地下部分细分为地下茎、竹根、鞭根、竹秆地下部分等 4 个概念。竹藤外形特征与竹藤之间的关系为 part-of 关系，具体描述方式如图 5-5 所示。

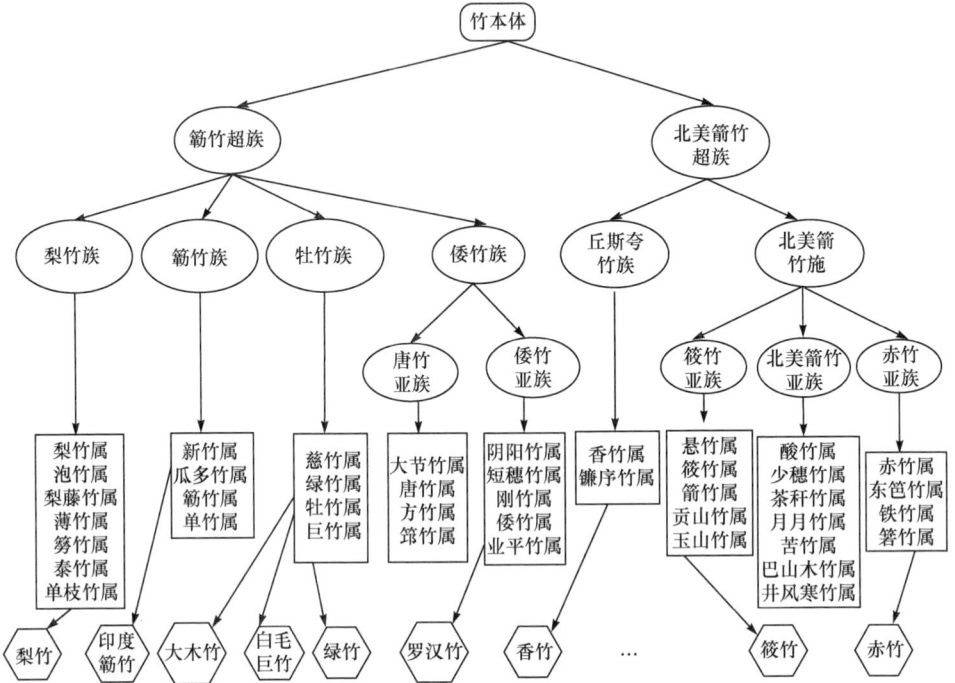

图 5-4　竹藤领域本体 member-of 关系示意图

针对以叙词表为基础的传统农业本体不能将竹藤领域语义中的层次关系，特别是不能将竹藤外形特征进行形式化描述的问题，本章提出的竹藤领域本体构建方法较好地描述了竹亚科属种中各种竹的层次关系数据结构以及相关实体之间的语义联系。

5.4.3　竹藤领域本体知识实例化

作为一种竹藤领域知识的语义化表示方法,本书定义了竹藤领域本体的属性,如表 5-1 所示。属性包括描述竹藤各部位特征的属性（如叶片、叶鞘、叶耳等），以及数字化后竹藤领域资料格式的特性内容。本书采用本体的形式表示，可较好地体现语义概念间的层次关系，实现对属性值的量化计算。

竹
├─ 地上部分
│   ├─ 秆
│   │   ├─ 秆柄
│   │   ├─ 秆基
│   │   └─ 秆茎
│   │   ├─ 秆环
│   │   ├─ 箨环
│   │   ├─ 节内
│   │   ├─ 节隔
│   │   └─ 节间
│   ├─ 枝
│   ├─ 叶
│   │   ├─ 叶鞘
│   │   ├─ 叶片
│   │   ├─ 叶柄
│   │   ├─ 叶舌
│   │   └─ 叶耳
│   ├─ 秆箨
│   │   ├─ 箨鞘
│   │   ├─ 箨舌
│   │   ├─ 箨耳
│   │   ├─ 箨叶
│   │   └─ 繸毛
│   ├─ 种子
│   ├─ 花
│   │   ├─ 雄蕊
│   │   ├─ 雌蕊
│   │   ├─ 内稃
│   │   ├─ 外稃
│   │   ├─ 鳞被
│   │   ├─ 子房
│   │   ├─ 柱头
│   │   └─ 花药
│   ├─ 果实
│   └─ 花序
│   ├─ 假小穗
│   └─ 真小穗
└─ 地下部分
    ├─ 地下茎(俗称竹鞭) ── 地下茎的秆柄称为假鞭
    ├─ 竹根
    ├─ 鞭根
    └─ 竹秆地下部分

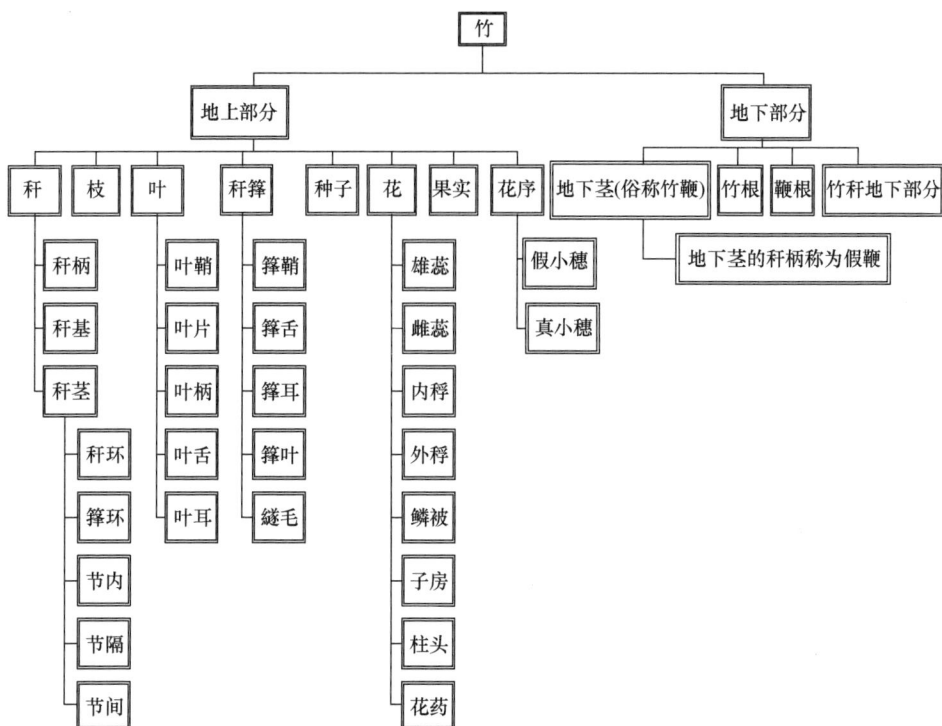

图 5-5 竹藤领域本体 part-of 关系示意图

表 5-1 竹藤领域本体的属性

属性类型	属性名	数据类型	属性说明
名称	名称	String	竹和藤的中文名、拉丁名和别名
	拉丁名	String	
	别名	String	
标识	ID	String	该竹藤资源的唯一标识
资料来源	Source	String	该竹藤属性来源资料名称
秆环	GanH	Class	秆环特征的描述术语集
箨环	TuoH	Class	箨环特征的描述术语集
叶鞘	YeQ	Class	叶鞘特征的描述术语集
叶耳	YeE	Class	叶耳特征的描述术语集
叶柄	YeB	Class	叶柄特征的描述术语集
叶片	YeP	Class	叶片特征的描述术语集
箨鞘	TuoQ	Class	箨鞘特征的描述术语集

属性类型	属性名	数据类型	属性说明
箨耳	TuoE	Class	箨耳特征的描述术语集
箨叶	TuoY	Class	箨叶特征的描述术语集
箨舌	TuoS	Class	箨舌特征的描述术语集
叶舌	YeS	Class	叶舌特征的描述术语集
枝	Zhi	Class	枝特征的描述术语集
秆柄	GanB	Class	秆柄特征的描述术语集
秆基	GanJ	Class	秆基特征的描述术语集
种子	ZhongZ	Class	种子特征的描述术语集
果实	GuoS	Class	果实特征的描述术语集
竹根	ZhuG	Class	竹根特征的描述术语集
鞭根	BianG	Class	鞭根特征的描述术语集
竹秆地下部分	GanDX	Class	竹秆地下部分特征的描述术语集
节内	JieN	Class	节内特征的描述术语集
节隔	JieG	Class	节隔特征的描述术语集
节间	JieJ	Class	节间特征的描述术语集
縫毛	SuiM	Class	縫毛特征的描述术语集
雄蕊	XiongR	Class	雄蕊特征的描述术语集
雌蕊	CiR	Class	雌蕊特征的描述术语集
内稃	NeiF	Class	内稃特征的描述术语集
外稃	WaiF	Class	外稃特征的描述术语集
鳞被	LinB	Class	鳞被特征的描述术语集
子房	ZiF	Class	子房特征的描述术语集
柱头	ZhuT	Class	柱头特征的描述术语集
花药	HuaY	Class	花药特征的描述术语集
假鞭	JiaB	Class	假鞭特征的描述术语集
真小穗	ZhenXS	Class	真小穗特征的描述术语集
假小穗	JiaXS	Class	假小穗特征的描述术语集

　　在对竹藤领域本体进行属性设置时，依据《中国植物志》《世界竹藤》中竹藤领域知识的表达特征，重点对竹藤的外形特征进行描述，选取以下外形特征作为竹藤领域本体的属性项：秆环、箨环、叶鞘、叶耳、叶片、箨鞘、箨耳、箨叶、箨舌、叶舌、内稃、外稃等，共计34项。

　　在完成竹藤本体库的构建基础上，需要对每一种竹藤的信息按照本体的定义进行描述，这就是竹藤的本体表示，也称为本体的实例化。以竹藤中的大木竹为例，其实例化的结果如表5-2所示。

表5-2　大木竹本体实例

序号	属性名	属性值
1	名称	大木竹
2	学名	*Lingnania wenchouensis wen*
3	别名	无
4	标识	317
5	资料来源	《中国植物志》
6	秆环	直立，梢部弯曲，节间圆筒形，幼时被细柔毛，节内被绒毛，以后变为秃净
7	箨环	不明显
8	叶鞘	背面具细柔毛或无毛，纵肋隆起
9	叶耳	发达，卵状，脱落性，边缘有繸毛
10	叶片	广披针形，先端尖锐，基部钝圆，两边缘均具细锯齿，下表面全部具细绒毛，小横脉不明显
11	箨鞘	脱落性，革质，新鲜时灰绿色，先端凹陷，背面被褐色刺毛
12	箨耳	长而窄，横卧于箨鞘两肩，鞘口缝毛呈褐色
13	箨叶	强烈外翻，披针形，先端渐尖，基部收窄呈钝圆形，两表面均具细绒毛，并在纵脉之间有刺毛，边缘生纤毛
14	箨舌	随箨鞘口部作波状起伏，先端细卤裂，边缘无毛或附有纤毛
15	叶舌	隆起呈卵形，无毛
16	内稃	内稃较长于其外稃，先端渐尖，无毛
17	外稃	先端急尖，无毛
18	小穗	轴近无毛，逐节脱落，向上逐渐增大

　　本书采用Proégé本体建模工具对竹藤本体进行建模，包括对类关系的定义、属性的定义等，如图5-6所示。

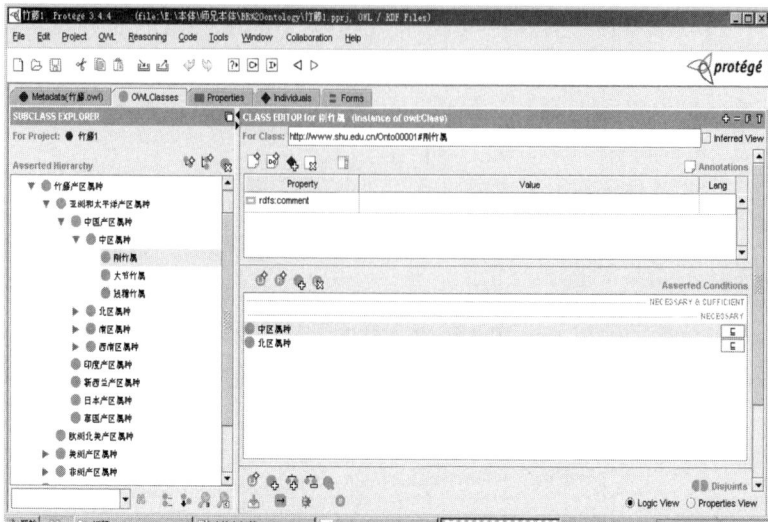

图 5-6　竹藤领域本体开发环境

5.5　查　询　扩　展

为了提高检索召回率，通过对原始查询条件进行重新组合和增加新的关键字来重新查询的方法，称为查询扩展。该方法可以辅助用户生成新的查询关键词，有效地提高检索的查全率，可更好地领会用户实际检索意图。该方法的核心是新增查询词的自动生成算法。目前，一般通过相关反馈技术、语义词派生技术、关键词共现和本体等技术来实现查询扩展。本书基于本体层次结构，利用本体概念相似度来实现竹藤领域语义检索的查询扩展。

5.5.1　语义查询扩展

在本章的查询扩展方法中，采用了基于本体中概念相似度的查询扩展。这种方法与早期相近词扩展方法最大的不同在于：扩展词汇的生成不再依赖于查询文档集合本身，而是基于该领域知识本体，扩展内容独立于查询内容。同时，由于同一领域中概念的关系是相对稳定的，所以可以更加准确地生成扩展词汇，并且本体中层次型的概念结构可以有效地避免词义的混淆。

在利用本体概念间的组成和包含等层次关系进行语义相关扩展时，扩展的模式直接影响检索结果的查全率和查准率。当扩展词是查询词的下位词、整体词以及部分词关系的组合时，能够提高查全率，同时对查准率的影响程度也不大。通过上位词扩展也能起到同样的效果，而其他包括兄弟关系在内的扩展关系组合则对查准率的损害作用高于对查全率的提高。因此，根据 5.4 节构建的竹藤领域本体，进行基于本体中概念的语义查询扩展，主要是对查询词依据概念进行下位词、整体词扩展。具体实例如表 5-3 所示。

表 5-3　基于概念的语义查询扩展示例

序号	查询词	概念语义查询扩展后
1	叶	叶鞘、叶耳、叶舌、叶片、叶柄
2	内稃	雄蕊、雌蕊、内稃、外稃、鳞被、子房、柱头、花药
3	秆	秆柄、秆基、节间、箨环、节内、节环、节隔、节间梢
4	舌	叶舌、箨舌
5	鞘	叶鞘、箨鞘
6	花	雄蕊、雌蕊、内稃、外稃、鳞被、子房、柱头、花药
7	箨	竹箨、秆箨、箨鞘、箨耳、箨叶、箨舌、秆箨、縫毛

5.5.2　概念相似度计算

本书利用语义扩展前后的概念相似度来评价扩展检索词的引入对查准率的影响。

定义 1　初始检索概念词与其经语义查询扩展后得到的上下位概念间存在 is-a 和 member-of 关系，描述这些扩展概念与初始检索概念的检索语义主旨的符合程度被称为扩展检索前后的概念相似度。

概念相似度反映了本体中两个概念的词义相似程度，即两个概念在检索语义上的符合程度。作为初始检索概念词 c_0 的下位词或成员词 c_i，虽然在概念相似度方面存在一定差异，但如果从用户检索意图来看，这些词是对原检索概念语义的特化，因此包含这些扩展概念的检索结果都是符合要求的检索结果，不会降低检索的准确率。譬如初始检索概念为"梨竹属"，而文本中有"梨竹"的内容。由于"梨竹"概念是"梨竹属"的下位词，虽然两者在概念语义上有区别，但从用户检索意图来看，这一结果也是完全符合要求的。据此，基于语义查询扩展的概念相似度计算方法为

$$\mathrm{SR}(c_i, c_0) = \begin{cases} -\log \dfrac{\mathrm{length}(c_0, c_i)}{2S}, & \text{其他} \\ 1, & c_i \in K \end{cases} \qquad (5\text{-}8)$$

其中，$K = \{k \mid k = c_0 \vee k\}$，$\mathrm{length}(c_0, c_i)$ 是节点 c_0 到 c_i 的最短路径，S 是本体树的深度，k 是 c_0 的一个下位词或成员词。

5.5.3　查询扩展的检索方法

　　传统信息检索技术依赖于关键词匹配，如果匹配失败则返回空记录，用户需要进一步更改查询条件，进行再次尝试，系统不具备自动推理功能。为了有效地解决这一问题，本书通过竹藤领域本体中概念相似度计算，对用户检索概念进行语义扩展，主要实现了对查询词的语义关系（同位等价关系、上下位关系）的扩展。经过查询扩展后，得到其对应的同位语义表达式、上位语义表达式及下位语义表达式。具体实现中，以正则表达式的形式进行表示，为下一步的本体推理提供便利。

　　在查询扩展后进行的语义检索，主要是对概念及其概念之间的关系进行语义层面的检索，其实现的关键是概念之间的推理。本书采用 Jena 推理机进行本体推理，提供了三种方式：基于规则的推理机（包括 RDFSReasoner、OWLReasoner 等），包含通常的推理功能；用户可以根据需要自定义推理规则；注册使用第三方的推理引擎。本书在实验中使用了自定义规则的推理机，其触发机制采用前向链引擎。

5.6　竹藤领域术语权重计算

5.6.1　竹藤领域术语权重定义

　　竹藤领域文本信息的内容专业性强、含意丰富，特别是文本信息中的领域术语所蕴含的专业知识信息量大，但是每个领域术语的信息量大小却是不同的。例如，同一个领域术语在多个文本中出现，但对每篇文本的唯一标志程度不一样。所以，如果仅凭领域术语有无来进行竹藤领域检索，势必会产生大量不符合检索者真实意图的检索结果，导致查准率低下。

　　在网页文本检索领域的研究中也有类似研究。例如，根据词在同一篇文本中出现频率越高，说明该词越能代表文本，为不同的词赋予不同的重要性权值，可以更好地反映这些词对文本主题的表现力。

　　但是，目前针对领域术语的应用研究大量集中在术语关系确定及应用方面。例如，研究人员分别利用聚类算法、本体相关度和互信息等方法对术语关系进行自动抽取[110-112]；将术语关系应用于贝叶斯网络信息检索模型中，从而提高语义检索效果[113]。针对领域术语的信息量大小及其唯一标识能力的相关研究还较少。本书认为领域术语在领域知识中的权重将直接影响语义信息检索效果。因此，在竹藤领域语义信息检索的研究中，有必要对竹藤领域文本中的术语代表其文本的程度进行度量。

给定领域文档 I，记文档中领域术语 R 的权重为 Q，给出领域术语权重的定义和规则如下。

定义 2　在竹藤领域中，领域术语 R 在领域文档 I 中的标识文档唯一性程度的高低，称为领域术语权重 Q。

规则 1　领域术语 R 在同一文档中出现的频率越高，其权重 Q 越高。

规则 2　领域术语 R 在所有文档中出现的频率越低，其权重 Q 越高。

本书借鉴 TF-IDF 算法思想，对领域术语权重进行定义和计算。其思想为：在根据检索词集对竹藤种类进行鉴别时，领域文档集设定为《中国植物志》，如果某一领域术语在其中一种竹藤的描述性文档中出现的频率越高，表示该领域术语对竹藤文档的标识度越大，其领域术语权重就越高；同时，如果该领域术语在《中国植物志》中所有竹藤其他描述文档中出现的频率越低，表示该领域术语对竹藤文档的标识度越大，其领域术语权重就越高。

5.6.2　竹藤领域术语权重计算

根据 TF-IDF 算法思想，竹藤领域术语权重计算流程如图 5-7 所示。

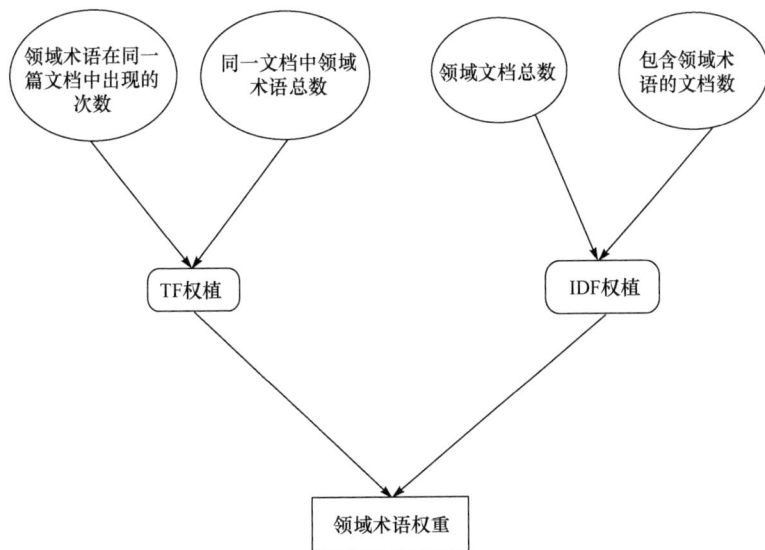

图 5-7　竹藤领域术语权重计算流程

因此，竹藤领域术语权重计算公式为

$$\text{sweight}[i,j] = \text{tf}_{i,j} \times \text{idf}_i = \frac{n_{i,j}}{\sum_k n_{k,j}} \times \log_n \frac{N}{n_i} \tag{5-9}$$

其中，$\text{tf}_{i,j}$ 表示 TF 权值，为领域术语 i 在文档 j 中出现的频率；idf_i 表示 IDF 权

值，为领域术语 i 在所有文档中出现的逆向文档频率；$n_{i,j}$ 表示领域术语 i 在文档 j 中的出现次数；N 为领域文档集中文档的总数；n_i 为包含领域术语 i 的文档数。

从利用第四章所提出的领域术语自动识别方法得到的竹藤领域术语集中，选取竹藤领域术语"波曲""无毛""粗糙""柔毛""节间"和"披针形"；然后，在《中国植物志》中选取 3 篇文档，分别为 W1、W2 和 W3，其中 W1 为梨竹，W2 为岭南思笏竹，W3 为针茅。利用式（5-9）可以得到这些竹藤领域术语在文档中出现的次数，如表 5-4 所示，权重如表 5-5 所示。

表 5-4 领域术语在文档中出现的次数

文档	波曲	无毛	粗糙	柔毛	节间	披针形
W1	1	6	2	1	2	4
W2	0	5	0	0	1	3
W3	0	0	2	1	1	2

表 5-5 领域术语权重计算结果

领域术语	W1	W2	W3
波曲	0.0039	0.0037	0.0073
无毛	0.0241	0.0231	0.0512
粗糙	0.0016	0.0057	0.0279
柔毛	0.0121	0.0017	0.0428
节间	0.0052	0.0014	0.0161
披针形	0.0285	0.0207	0.0302

5.7 语义相关度计算

5.7.1 检索词与实例间的语义相关度计算

利用本体标注后的竹藤语料库中，每篇文档被标注到一个或多个概念类别下，成为本体概念下的实例。在词语-概念-文档之间的所属关系中，每个文档中包含一个或多个概念，每个概念又由一个或多个词语构成，同一个词语又可能被包含在多个文档中。所以，统计文档中所属的概念类别和这个词语对不同概念类别的所属程度，这种所属程度从另外一个角度说明词语-概念间的相关关系。也就是说，文档到概念存在所属关系，同时文档中的词语到概念也存在所属关系，这种所属关系蕴含着词语-概念的相关关系，如图 5-8 所示。

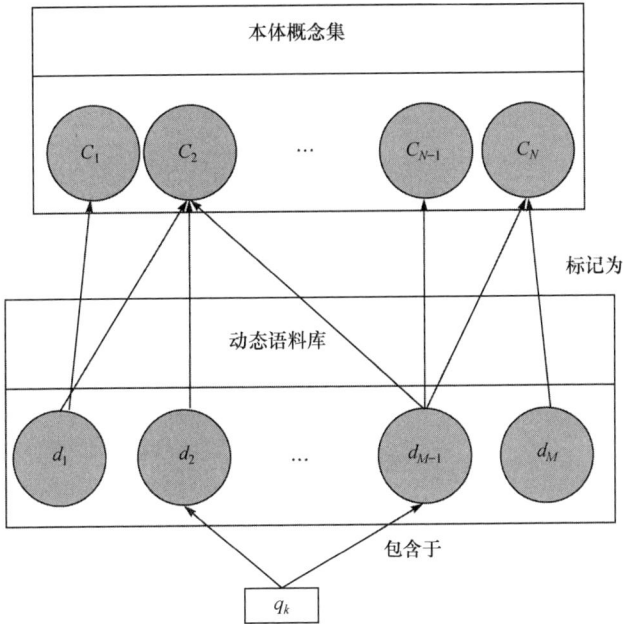

图 5-8 词语-概念-文档关系示意图

具体到本书所构建的竹藤本体，由于本书以《中国植物志》第九卷作为语料库文档，其中每一种竹子为一篇文档，所以决定每篇文档属于一个概念。在对竹藤种类进行语义鉴别时，需要依据查询描述（一般为多个词语组合）找到与其语义相关的概念集，从而确定该概念集所对应的文档集。其中，检索词集与概念间语义相关程度的确立是最为核心的一个环节，也就是语义查询扩展中词语-概念间语义相关度的计算问题。针对这一问题，本书针对所构建的竹藤领域本体对语料库文档进行标注的资源组织形式，利用词语-概念-文档之间的所属程度计算检索词集与概念间的语义相关度。具体思路如下。

如果在只对本体中的叶片属性进行查询过程中，检索词集 q 为{披针形，无毛，…，粗糙}，那么可以表示为检索向量 $q = (w_{1,q}, w_{2,q}, \cdots, w_{n,q})$，其中 n 表示检索词集的词语数；竹藤领域本体中每种竹子的叶属性用 d_j 表示，那么叶属性向量可以表示为 $d_j = (w_{1,j}, w_{2,j}, \cdots, w_{n,j})$。检索词集与实例向量设置如图 5-9 所示。

当检索项出现时，就在对应向量的分量处记 1；如果检索项未出现，就在对应向量的分量处记 0。检索向量与实例向量计算如图 5-10 所示。

通过向量 d_j 与 q 之间的相似性来评价本体中叶属性 d_j 与检索词集 q 之间的相关程度，可用向量之间的余弦法则来定量，即计算两个向量之间夹角的余弦值

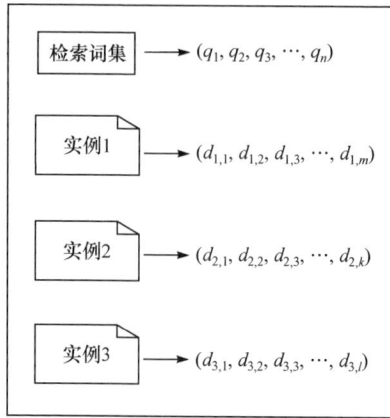

图 5-9　检索词集与实例向量设置示意图

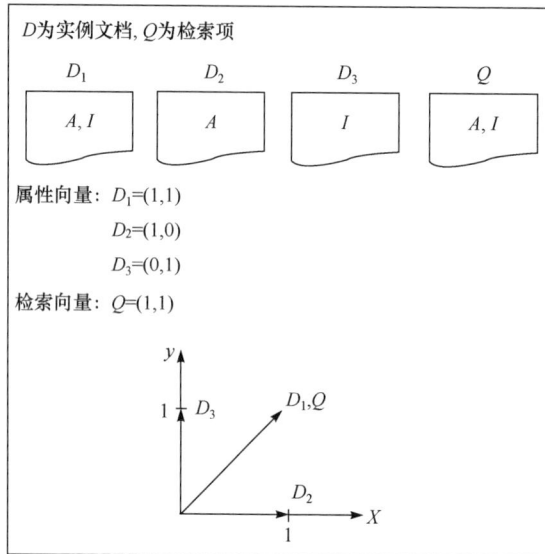

图 5-10　检索向量与实例向量计算示意图

$$\text{sim}(d_j, q) = \frac{d \cdot q}{|d_j| \times |q|} = \frac{\sum_{i=1}^{n} w_{i,j} \times w_{i,q}}{\sqrt{\sum_{i=1}^{n} w_{i,j}^2} \times \sqrt{\sum_{i=1}^{n} w_{i,q}^2}} \qquad (5\text{-}10)$$

其中，$q = (w_{1,q}, w_{2,q}, \cdots, w_{n,q})$ 表示检索向量，$d_j = (d_{1,j}, d_{2,j}, \cdots, d_{n,j})$ 表示概念向量。

　　但是，根据 5.6 节研究结果可知，竹藤领域术语本身所表示的权重是不同的。其中，某一个竹藤领域术语在其中一篇文档中出现的频率越高，表示该领域术语对该篇文档的标识度越大，即该领域术语权重越高；同时，如果该领域术语在《中国植物志》中所有竹藤其他描述文档中出现的频率越低，表示该领域术语对该篇文档的标识度越大，其领域术语权重也越高。

所以，在检索词集 Q 中每个查询词的权重是不同的。如果考虑到查询词的权重，检索词集 Q 与概念向量 D_i 的相似度计算公式为

$$\operatorname{sim}(Q,D_i) = \frac{\sum_{j=1}^{n} w_{j,q} d_{j,i}}{\sqrt{\sum_{j=1}^{n}(d_{j,i})^2 \sum_{j=1}^{n}(w_{j,q})^2}} \qquad （5-11）$$

其中，Q 表示检索词集合，$Q=(w_{1,q},w_{2,q},\cdots,w_{n,q})$；$D_i$ 表示概念向量，$D_i=(d_{1,i},d_{2,i},\cdots,d_{n,i})$；$d_{ij}$ 表示概念向量中第 j 个词条的术语权重。

5.7.2　结果的相关度排序

为提高竹藤领域语义信息检索模型最后检索结果的准确率，需要对检索结果按照不同概念与检索词之间的语义相关度大小进行排序。在对检索词进行语义查询扩展后，分别对扩展后的检索词集进行语义相关度计算，并对计算结果进行综合排序。

虽然各本体属性的语义相关度值的值域都为[0,1]，但是本体中不同属性的语义相关度之间是不具有可比性的。一般这种情况在综合排序前都要进行归一化处理；但是，由上节的语义相关度计算方法可知，各属性的权重隐含着不平等性，每种属性的权重表达的意义也是不同的。例如，在一个实例中，叶属性由 10 个描述词组成，而箨耳属性只由 4 个描述词组成。如果计算的叶属性的语义相关度为 0.5，箨耳属性的语义相关度也为 0.5，却分别表示有 5 个描述叶的查询词与实例相符，有 2 个描述箨耳的查询词与实例相符，显然叶属性的相关度与箨耳属性的语义相关度都为 0.5，但是其表达的语义相关度却是不同的。为了体现计算出的不同的检索项与实例中的不同概念间的语义相关度相对独立的特征，本书在对语义相关度进行综合排名时，也采用 3.3.2 节介绍的 TOPSIS 综合排序方法。

由于本章提出的竹藤领域语义检索模型的主要思想是先利用语义查询扩展技术，对检索条件进行语义扩展，提高检索效果的查全率；然后，再从概念语义相关度方面进行度量，实现对扩展后检索条件的语义信息检索，在提高检索查全率的同时，较好地保障检索结果的准确率。

5.8　实验结果与分析

为验证本章提出的语义检索模型的有效性，以《中国植物志》中第九卷内容为实验数据集，其中包含 37 属，516 种竹子，516 篇文档，53 万字。通过实验来

分析本章提出的建立在语义查询扩展和语义相关度基础上的语义检索模型,对提高竹藤领域检索查全率的作用,以及术语权重的引入对提高检索准确率的作用。

实验将从以下四个角度进行:引入语义查询扩展,对检索查全率的影响;基于术语权重的语义相关度计算对提高检索准确率的影响;本章提出的语义信息检索模型与贝叶斯检索模型在检索性能上的比较。

5.8.1　实验一:语义查询扩展对模型性能的影响

首先,选择"叶""地下茎""秆""花""竹箨"5 个概念为原始检索概念,因为在《中国竹亚科属种检索表》[114]中对竹子进行快速检索时,这些是经常用到的、具有标志性的检索概念。通过对原始检索概念进行概念相似度计算,进行语义查询扩展,得到扩展后检索概念,具体实例如表 5-6 所示。

表 5-6　实验检索概念、扩展概念和检索实例

序号	检索概念	扩展概念	检索实例
1	叶	叶鞘、叶耳、叶舌、叶片、叶柄	披针形
2	地下茎	地下茎、假鞭、竹鞭	实心
3	秆	秆柄、秆基、节间、箨环、节内、节环、节隔、节间梢	光亮
4	花	雄蕊、雌蕊、内稃、外稃、鳞被、子房、柱头、花药	黄色
5	竹箨	竹箨、秆箨、箨鞘、箨耳、箨叶、箨舌、秆箨、繸毛	不明显

为了对本章提出的竹藤领域语义检索模型中语义查询扩展前后模型检索效果进行比较,实验分别对"叶""地下茎""秆""花""竹箨"5 个概念语义扩展前后进行实验,实验结果如表 5-7 所示。

表 5-7　语义查询扩展前后检索结果

序号	语义查询扩展前		语义查询扩展后		相关结果总数
	检索结果总数	正确检索数	检索结果总数	正确检索数	
1	875	712	917	763	878
2	103	87	132	108	127
3	47	36	50	38	43
4	631	489	657	507	608
5	289	231	320	254	304

本书选用三个评价指标作为评测指标,即准确率、召回率和 F 测量值,其计算公式分别为

$$P = \frac{正确检索数}{检索结果总数} \times 100\% \qquad (5\text{-}12)$$

$$R = \frac{正确检索数}{相关结果总数} \times 100\% \qquad (5\text{-}13)$$

$$F = \frac{2 \times P \times R}{P + R} \times 100\% \qquad (5\text{-}14)$$

对表 5-7 的语义查询扩展前后的检索结果数据进行分析计算，分别得到语义查询扩展前后模型检索效果的准确率、召回率和 F 测量值，结果如表 5-8 所示。可以看出，语义查询扩展对模型的检索准确率影响不大，但是召回率和 F 测量值都得到一定的提高。这是因为本书提出的在竹藤领域本体构建合理的情况下进行基于概念相似度的语义扩展的检索方法，可以在不影响模型检索的准确率的情况下（即最大限度保证用户检索意图不变），通过扩大检索范围，提高正确的检索结果数，从而提升模型的检索性能。

表 5-8　语义查询扩展对模型性能的影响

序号	语义查询扩展前			语义查询扩展后		
	准确率/%	召回率/%	F 测量值/%	准确率/%	召回率/%	F 测量值/%
1	81.37	81.09	81.23	83.21	86.90	85.01
2	84.47	68.50	75.65	81.82	85.04	83.40
3	76.60	83.72	80.00	76.00	88.37	81.72
4	77.50	80.43	78.93	77.17	83.39	80.16
5	79.93	75.99	77.91	79.38	83.55	81.41

5.8.2　实验二：引入领域术语权重对模型性能的影响

本实验将对本章提出的语义检索模型中引入领域术语权重是否科学合理以及对检索结果的影响进行实验分析。实验仍然采用表 5-6 中的检索概念和检索实例为原始检索项，实验通过开启、关闭领域术语权重，分别得到两组检索结果，如表 5-9 和表 5-10 所示。

表 5-9　引入领域术语权重前 TOP5 语义相关度值

序号	叶（披针形）	地下茎（实心）	秆（光亮）	花（黄色）	竹箨（不明显）
1	0.141421356	0.316227766	0.288675135	0.208514414	0.223606798
2	0.145864991	0	0.316227766	0.229415734	0.242535625
3	0.146173762	0	0.353553391	0.251573256	0.25819889
4	0.147441956	0	0.333333333	0.223606798	0
5	0.138675049	0	0	0.204124145	0.208514414

表 5-10　引入领域术语权重后 TOP5 语义相关度值

序号	叶（披针形）	地下茎（实心）	秆（光亮）	花（黄色）	竹箨（不明显）
1	0.282842712	0.316227766	0.288675135	0.294883912	0.223606798
2	0.291729983	0	0.316227766	0.229415734	0.342997170
3	0.382546028	0	0.353553391	0.353553391	0.365148372
4	0.294883912	0	0.333333333	0.387298335	0
5	0.138675049	0	0	0.288675135	0.294883912

　　表 5-9 和表 5-10 分别为引入领域术语权重前后 Top5 语义相关度值的检索结果，检索结果对应的竹品种为：梨竹（序号 1）、苗竹仔（序号 2）、思箪竹（序号 3）、沙罗单竹（序号 4）、西藏牡竹（序号 5）。其中，相同概念的检索结果相关度值的差异主要由检索项和组成概念向量的领域术语的不同权重决定，反映检索项对不同概念和文档的代表程度。

　　引入领域术语权重前后语义相关度的排序矩阵分别为 L' 和 L，即

$$L' = \begin{bmatrix} 4 & 1 & 4 & 4 & 3 \\ 3 & 5 & 3 & 2 & 2 \\ 2 & 5 & 1 & 1 & 1 \\ 1 & 5 & 2 & 3 & 5 \\ 5 & 5 & 5 & 5 & 4 \end{bmatrix}, \quad L = \begin{bmatrix} 4 & 1 & 4 & 3 & 4 \\ 3 & 5 & 3 & 5 & 2 \\ 1 & 5 & 1 & 2 & 1 \\ 2 & 5 & 2 & 1 & 5 \\ 5 & 5 & 5 & 4 & 3 \end{bmatrix}$$

　　其中语义相关度为 0 的项表示概念向量中不包含该检索项。为了更清晰地对 0 相关度进行表示，本书将语义相关度为 0 的项一律设定为最后一名，也就是排名为第 5。

　　通过对比，可以看出领域术语权重在结果的筛选排序中所起的重要作用。由 L' 和 L 对比可见，在概念"叶"中，检索词"披针形"在思箪竹和沙罗单竹两篇文档中领域术语权重的不同，直接影响到了"披针形"与思箪竹和沙罗单竹中概念"叶"的语义相关度，使思箪竹和沙罗单竹排名互换；同时，在概念"竹箨"中，检索词"不明显"在梨竹和西藏牡竹中也有相同情况出现。但是，受领域术语权重影响最大的还属概念"花"，开启和关闭领域术语权重前后，5 种竹子的语义相关度排序由（4，2，1，3，5）变为（3，5，2，1，4），影响了全部检索结果的排序名次。对照《中国植物志》中 5 种竹所对应的文档可以发现，领域术语权重大的检索词在所对应的文档中出现的次数更高，对应的概念描述语言更短，说明领域术语权重可以较好地区分检索词的代表程度。所以，本章提出的将竹藤领域术语权重引入到竹藤语义信息检索模型中，可以在不影响检索结果的情况下将与检索词相关度高的结果排序在前面。

5.8.3　实验三：与贝叶斯检索模型的比较

本章实验一、实验二分别验证了在进行语义相关度检索时，语义查询扩展和引入领域术语权重可在提高检索效果的情况下，最大限度体现用户检索意图。但是，为能更为客观地评价本章提出的语义检索模型的性能和特点，将对本章提出的语义信息检索模型与贝叶斯检索模型进行比较。

由于用户通常只会关心排在前几位的检索结果，所以本实验设定结果阈值，只选取语义相似度最高的 10 个或语义相似度高于 0.5 的检索结果进行评测。评测指标采用 R-Precision 值，R-Precision 值的计算方法是：如果当前检索相关的结果总数为 R，结果序列中第 N 位置前的相关结果数为 r，那么 R-Precision 值 Rp= r/R。由于需要人工判断检索结果是否相关，所以本书最后将由竹藤领域专业人员进行相关性判别，以减少实验对比中人为倾向性因素的影响。

为使实验结果更加清晰可比，实验的初始检索概念为 1 个，整个实验共进行 10 组检索。实验结果如图 5-11 所示，其中 R-Precision 值越高，表示模型检索准确率越高。

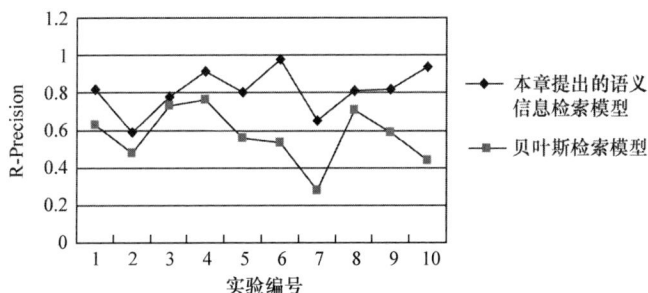

图 5-11　R-Precision 对比图

可以看出，本章提出的语义信息检索模型的准确率总体上优于贝叶斯检索模型，这是因为本章提出的语义信息检索模型基于竹藤领域本体进行了概念相似度的语义查询扩展，围绕原始检索项扩展了与其概念相关的概念项，扩大了检索范围，使检索出的相关结果数明显高于贝叶斯检索模型。另外，贝叶斯检索模型除了因一些相关结果未能检出而导致查全率较低之外，未能对检索结果进行基于领域权重的排序筛选，导致 Top10 结果序列中产生了一些不相关结果，影响了检索的准确率。

通过上述实验分析可以看出本章提出的语义信息检索模型具有以下特点:通过基于概念相似度的语义查询扩展，可有效提高检索模型的查全率和召回率；引入领域术语权重提高了检索模型的准确率。但在实验中也发现，针对部分特定的检索词，检索的准确率出现了较为明显的下降，这与领域本体的结构以及概念相似度的算法有关。

5.8.4 实例

根据实验一中表 5-6 的检索实例，利用本章提出的竹藤领域语义检索模型进行语义检索，可得到表 5-10 的语义相关度值，将表 5-10 转换为语义相关度矩阵 SIM，即

$$SIM = \begin{bmatrix} 0.282842712 & 0.316227766 & 0.288675135 & 0.294883912 & 0.223606798 \\ 0.291729983 & 0 & 0.316227766 & 0.229415734 & 0.342997170 \\ 0.382546028 & 0 & 0.353553391 & 0.353553391 & 0.365148372 \\ 0.294883912 & 0 & 0.333333333 & 0.387298335 & 0 \\ 0.138675049 & 0 & 0 & 0.288675135 & 0.294883912 \end{bmatrix}$$

根据 TOPSIS 综合排序法，利用式（3-11）和式（3-12）分别求出语义相关度矩阵 SIM 的理想点和最差点

$$F^* = [0.382546028，0.316227766，0.35355339，0.35355339，0.365148372]$$

$$F^0 = [0.138675049，0，0，0.22941573，0]$$

然后，计算出语义相关度矩阵 SIM 到理想点和最差点的距离

$$L^* = \begin{bmatrix} 0.19397439 \\ 0.354318486 \\ 0.316227766 \\ 0.492509443 \\ 0.54186653 \end{bmatrix}, \quad L^0 = \begin{bmatrix} 0.563577338 \\ 0.490991723 \\ 0.64813961 \\ 0.472222986 \\ 0.331208345 \end{bmatrix}$$

最后，得到理想点的相对接近度

$$L = \begin{bmatrix} 0.743945683 \\ 0.580842059 \\ 0.672087864 \\ 0.489485967 \\ 0.379358465 \end{bmatrix}$$

根据相对接近度可知，与检索项语义相关度最高的为梨竹（序号 1），与检索项语义相关度最低的为西藏牡竹（序号 5），具体排序为：梨竹（序号 1）、思箬竹（序号 3）、苗竹仔（序号 2）、沙罗单竹（序号 4）和西藏牡竹（序号 5）。

5.9　本　章　小　节

本章在利用本体对竹藤领域知识进行语义表达的基础上，研究了竹藤领域信息中文本型数据的语义相关度度量问题，提出了基于相关度的竹藤领域语义信息

检索模型。该模型从领域术语权重和语义相关度两个方面描述了检索词概念和竹藤种类之间的相关关系，较好地解决了鉴别检索者真实的检索意图与竹藤领域知识之间的"语义鸿沟"问题。

本章研究成果的创新在于：竹藤领域本体不仅基于自动识别的领域术语来构建，并且首次提出对竹藤外形特征进行本体描述的方法，较好地描述了竹亚科属种中各种竹的层次关系数据结构以及相关实体之间的语义联系；提出的竹藤领域语义信息检索模型融合了竹藤领域知识的术语权重信息，提出了两个新语义特征用于描述竹藤知识与检索语义之间的相关度。其中：

① 依据竹藤领域本体的竹藤领域概念之间语义相关度,对检索词在竹藤本体中的重要程度进行度量，并进行相应的语义扩展，扩大了检索范围，扩展了检索深度。

② 通过对竹藤领域知识的语义特征进行分析,提出了面向竹藤领域语义检索的语义相关度的度量方法，揭示了不同类别的语义概念间的关联关系。

③ 在对竹藤领域术语进行分析的基础上,发现竹藤领域术语与竹藤标准描述信息关联密切,提出了基于 IF-IDF 的竹藤领域术语权重计算方法，并与基于相关度的语义扩展相结合，构建了竹藤领域语义信息检索模型。

本章提出的竹藤领域语义信息检索模型，不要求用户具备较高的专业知识背景，可自动实现对竹藤文本信息中竹藤领域知识的识别、提取以及基于相关度的结果筛选。实验结果表明：

① 本章提出的基于概念相似度的语义查询扩展,对模型的检索准确率影响不大，但是召回率和 F 测量值都得到一定的提高。

② 本章提出的将竹藤领域术语权重引入到竹藤语义信息检索模型中,可以在不影响检索结果的情况下，将与检索词相关度高的结果排序在前面。

③ 本章提出的语义检索模型围绕原始检索项扩展了与其概念相关的概念项，扩大了检索范围，使检索出的相关结果数明显高于贝叶斯方法。并且，贝叶斯模型除了因一些相关结果未能检出而导致查全率较低之外，未能对检索结果进行基于领域权重的排序筛选，导致 Top10 结果序列中产生了一些不相关结果，影响了检索的准确率。

将本章提出的语义信息检索模型应用于竹藤种类鉴别的实际，表明本章提出的模型是一种有效的领域语义信息检索模型。

第六章　总结与展望

领域语义信息检索的研究是一门涉及专业领域知识、自然语言处理、人工智能等众多学科的综合研究。近年来计算机技术为农业领域相关研究提供了全新的方法和视角。本书以辅助专业人员对竹藤快速鉴别为应用目标，对农业领域语义信息检索技术、农业领域不确定知识表示、领域术语自动识别和竹藤领域语义信息检索模型等方面展开研究。本章将就本书工作的成果、存在的不足及今后的研究方向进行总结和展望。

6.1　本书总结

本书围绕竹藤领域知识表示、领域术语自动识别、竹藤领域语义信息检索模型展开研究，取得的研究成果如下：

①　对语义信息检索、农业语义信息检索和基于本体的农业语义信息检索等相关研究的发展和现状进行了分析和综述，引出了竹藤领域语义信息检索的关键技术问题；并对现有的植物鉴别方法进行了归纳和分析，确定了竹藤领域语义信息检索的实践应用点。这些研究工作是本书研究思想的源泉，同时也为其他领域语义信息检索技术的研究和应用提供了借鉴。

②　提出了一种基于云模型/TOPSIS的植物鉴别检索方法。在对传统植物鉴别方法，特别是对基于数量分类法的植物鉴别方法进行分析和研究的基础上，重点对基于植物外形特征的植物鉴别检索方法展开研究。利用云模型对植物外形特征进行数字化描述，构建了基于植物外形特征的植物数字特征表达式，实现了植物外形特征信息的定性与定量之间的不确定转换，为基于植物外形特征的植物鉴别检索方法提供了理论基础。

③　提出了一种基于互信息/条件随机场的中文领域术语自动识别方法。围绕竹藤领域知识的语言学特征，分析了基于统计量度的术语自动识别方法——互信息方法和基于机器学习的术语自动识别方法——条件随机场两种术语自动识别方法，给出了一种适用于竹藤领域术语特点的中文领域术语自动识别方法，为其他专业领域术语的自动识别提供了参考。

④　提出了一种基于相关度的竹藤领域语义信息检索模型。分析了竹藤领域语义信息检索技术中的关键问题，引入统计语言模型思想，将领域术语权重和概念

查询扩展相结合，提出了一种基于相关度的竹藤领域语义信息检索模型。并结合竹藤研究的实际应用，验证了该模型的有效性和实用性，为进一步研究提供了颇具参考价值的原型。

6.2 研究展望

本书所做的研究工作还仅仅是一些肤浅的尝试，尚存在诸多不足，因此今后尚有许多问题需要进一步研究，如：

① 竹藤领域信息涉及的专业领域较多，各类信息资源所在的领域概念存在异同，不同本体间的数据难以共享，今后可利用本体映射技术，对竹藤及其相关领域的异构数据源的全局模式映射与转换进行研究。

② 目前研究人员对本体中实例层次和概念关系对语义检索效果的影响研究还较少，所构建的领域本体层次性较差，没有充分发挥出本体的知识结构优势，导致无法对深层次、复杂语义关系进行智能推理和检索；同时，从目前的研究现状来看，研究多局限于领域术语与现有检索模型直接结合的范畴，并没有考虑到农业领域术语间的复杂关系，这方面的相关研究还需进一步深入。

③ 竹藤领域信息不仅以文字和图片的形式存在，还存在着大量基于地理信息系统的空间信息，如纬度梯度、海拔梯度、经度梯度以及温度和降水梯度等多项空间信息。但是，由于地理信息系统的研发长期以来多是以项目为中心的孤立研发，因此地理信息系统软件定义的空间数据格式多样，很难实现数据共享和互操作；并且，目前构建的农业本体只针对文本信息进行构建，空间信息作为一种重要的数据资源却被忽视。针对农业数据中的空间信息数据的语义检索和实现机制研究还处于空白。因此，空间信息的竹藤领域本体构建需要进一步研究。

④ 由于本书介绍的研究工作在很多方面尚不完善，因此对现有研究进一步的完善也将成为下一步的重要工作。尤其是对竹藤领域语义信息检索机制的研究，以及竹藤领域语义信息检索系统的构建工作，都需要在今后的研究工作中不断补充和完善。

相信本书的研究仅仅是一个起步，随着语义信息检索技术在不同领域中的不断应用，不但能够提高目前研究工作的效率和质量，而且还能开拓新的研究领域，最终必将导致农业语义信息检索方法论的革新。

参 考 文 献

[1] 张新萍. 世界竹藤发展趋势[J]. 世界林业研究, 2003, 16（1）: 26-30.

[2] Sunderland T H C. Rattan resources and use in West and Central Africa[J]. Unasylva, 2001, 52
（205）: 18-26.

[3] 邱尔发, 洪伟, 郑郁善. 中国竹子多样性及其利用评述[J]. 竹子研究汇刊, 2001, 20（2）:
11-14.

[4] 中国植物志编委会. 中国植物志: 第九卷第一分册[M]. 北京: 科学出版社, 1996.

[5] 江泽慧. 世界竹藤[M]. 沈阳: 辽宁科学技术出版社, 2002.

[6] 江泽慧. 世界竹藤（英文版）[M]. 北京: 中国林业出版社, 2007.

[7] 黄利, 吕杰. 中国竹藤类产品贸易研究[C]// 农村公共品投入的技术经济问题——中国农业
技术经济研究会 2008 年学术研讨会文集, 2008: 480-489.

[8] 校建民, 梅华全, 李智勇, 等. 东南亚主要国家棕榈藤原材料国际贸易[J]. 世界竹藤通讯,
2005, 3（2）: 42-43.

[9] 李智能, 林德荣. 中国竹产业发展现状及其对策[J]. 中国农村经济, 2004,（4）: 24-28.

[10] 肖丽霞, 萧江华, 胡小松, 等. 中国竹产业现状和发展研究[J]. 世界竹藤通讯, 2005, 3（3）:
29-32.

[11] Zhang X P. Some hot points of bamboo and rattan in the world[J]. 世界竹藤通讯, 2004, 2（1）:
4-10.

[12] 樊宝敏, 李智勇, 陈勇. 中国竹藤资源现状及发展潜力分析[J]. 林业资源管理, 2004, 2（1）:
18-20.

[13] 竺肇华. 中国热带地区竹藤发展[M]. 北京: 中国林业出版社, 2001.

[14] 张志达. 中国竹林培育[M]. 北京: 中国林业出版社, 1998.

[15] Zhu H, Ma Y, Yan L, et al. The relationship between geography and climate in the generic-level
patterns of Chinese seed plants[J]. Acta Phytotaxonomica Sinica, 2007, 45（2）: 134-166.

[16] Nogués-Bravo D, Araújo M B. Species richness area and climate correlates[J]. Global Ecology
and Biogeography, 2006, 15: 452-460.

[17] Qiu Y X, Fu C X, Comes H P. Plant molecular phytogeography in China and adjacent regions:
Tracing the genetic imprints of quaternary climate and environmental change in the world's most
diverse temperate flora[J]. Molecular Phylogenetics and Evolution, 2011, 7: 21.

[18] 马文红, 杨元合, 贺金生, 等. 内蒙古温带草地生物量及其与环境因子的关系[J]. 中国科
学 C 辑: 生命科学, 2008, 38（1）: 84-92.

[19] 冯建孟. 中国种子植物物种多样性的大尺度分布格局及其气候解释[J]. 生物多样性, 2008,
16（5）: 470-476.

[20] 冯建孟, 徐成东. 中国种子植物物种丰富度的大尺度分布格局及其与地理因子的关系[J].
生态环境学, 2009, 18（1）: 249-254.

[21] Berners-Lee T, Hendler J, Lassila O. The semantic Web[J]. The Scientific American, 2001, 284
（5）: 34-43.

[22] Guha R, McCool R, Miller E. Semantic search[C]// Proceeding of the 12 World Wide Web

Conference, Budapest, Hungary, 2003: 700-709.

[23] Cohen S, Mamou J, Kanza Y, et al. Sagiv. Xsearch: A semantic search engine for XML[C]// Proceedings of the 29th Very Large Data Bases Conference, Berlin, Germany, 2003:45-56.

[24] Cho N, Lee E. Design and implementation of semantic Web search system using ontology and anchor text[J]. International Conference on Computational Science and its Applications, 2006: 546-554.

[25] Lei Y, Uren V, Motta E. Semsearch: A search engine for the semantic Web[M]// Managing Knowledge in a World of Networks. Berlin: Springer, 2006: 238-245.

[26] Rodrigo L, Benjamins V R, Contreras J, et al. A semantic search engine for the international relation sector[J]. International Semantic Web Conference, 2005: 1002-1015.

[27] 王进. 基于本体的语义信息检索研究[D]. 合肥: 中国科学技术大学博士学位论文, 2006.

[28] Gary K, Szabo B, Vijayan L, et al. JMaPSS: Spreading activation search for the semantic Web[J]. Information Reuse and Integration, 2007: 104-109.

[29] 杨晓蓉. 分布式农业科技信息共享关键技术研究与应用[D]. 北京: 中国农业科学院博士学位论文, 2011.

[30] Gruber T R. A translation approach to portable ontology specifications[R]. Technical Report, KSL 92-97, Knowledge System Laboratory, 1993.

[31] Henderson-Sellers B. Basis for an integrated security ontology according to a systematic review of existing proposals[J]. Journal of Systems and Software, 2011, 84（2）: 301-313.

[32] Bateman J A, Hois J, Ross R, et al. A linguistic ontology of space for natural language processing[J]. Artificial Intelligence, 2010, 174（14）: 1027-1071.

[33] Kayed A, El-Qawasmeh E, Qawaqneh Z. Ranking Web sites using domain ontology concepts[J]. Information & Management, 2010, 47（7-8）: 350-355.

[34] 袁占花. 基于本体论的应急系统知识库建模的研究[D]. 太原: 太原理工大学硕士学位论文, 2005.

[35] 常春. 联合国粮食与农业组织 AOS 项目[J]. 农业图书情报学刊, 2003, 2: 14-15.

[36] 陈叶旺. 国家农业本体协同建构与语义检索若干技术研究[D]. 上海: 复旦大学博士学位论文, 2009.

[37] 李景. 本体理论及在农业文献检索系统中的应用研究——以花卉学本体建模为例[D]. 北京: 中国科学院研究生院博士学位论文, 2004.

[38] 李庭波. 森林资源经营决策本体知识库技术研究及应用[D]. 福州: 福建农林科技大学博士学位论文, 2009.

[39] 张柳, 黄春毅. "农作物栽培"领域本体的构建[J]. 农业图书情报学报, 2009, 21（1）: 68-72.

[40] 霍锋, 张泷, 张娅. DNA 分子标记技术在药用植物鉴别中的应用[J]. 安徽农业科学, 2010, 38（8）: 4089-4091.

[41] 董晓莉. 西南地区悬钩子属植物分子系统学研究及其与栽培品种的遗传差异分析[D]. 成都: 四川农业大学博士学位论文, 2009.

[42] 高华, 樊红科, 万怡震, 等. 苹果栽培品种的 SSR 鉴定及遗传多样性分析[J]. 西北农业学报, 2011, 20（2）: 153-158.

[43] 孙素琴, 周群, 张宣, 等. 傅里叶变换拉曼光谱法无损鉴别植物生药材[J]. 分析化学, 2000,

28（2）: 211-214.

[44] 刘小平, 李惠, 徐海星, 等. 白花蛇舌草的 X 射线衍射 Fourier 指纹图谱鉴定[J]. 中药材, 2003, 26（7）: 488.

[45] 黄洁媚, 罗集鹏. 广东合欢花的本草考证与紫外光谱法鉴别[J]. 中药材, 2005, 28（3）: 186-188.

[46] 邵新庆, 冯全, 邵世禄, 等. 基于叶片图像的植物鉴别技术研究进展（综述）[J]. 甘肃农业大学学报, 2010, 45（2）: 156-160.

[47] 单成钢, 王志芬, 苏学合, 等. 数字图像处理技术在中药材鉴定中的应用[J]. 现代中药研究与实践, 2008, 22（5）: 58-61.

[48] Sderkvist O. Computer Vision Classification of Leaves from Swedish Trees[D]. Linkoping: Linkoping University, 2001.

[49] Park J, Hwang E. Pruning and matching scheme for rotation invariant leaf image retrieval[J]. Ksii Transactions on Internet and Information System, 2008, 2（6）: 280-298.

[50] 王路, 张蕾, 周彦军, 等. 基于 LVQ 神经网络大植物种类识别[J]. 吉林大学学报: 理学版, 2007, 45（3）: 421-426.

[51] 祁亨年. 植物外观特征自动获取及计算机辅助植物分类与识别[J]. 浙江林学院学报, 2004, 21（2）: 222-227.

[52] 张小斌. 基于数字化的生物分类鉴定及知识集成研究[D]. 杭州: 浙江大学博士学位论文, 2007.

[53] 彭焱松. 中国栎属植物的数量分类研究[D]. 武汉: 中国科学院研究生院（武汉植物园）硕士学位论文, 2007.

[54] 徐克学. 数量分类学[M]. 北京:科学出版社: 1994.

[55] 赵铁桥. 数值分类学[M]. 北京:科学出版社: 1984.

[56] 李林. 赤竹亚族(Sasinae Keng f.)系统分类的研究[D]. 南京: 南京林业大学博士学位论文, 2009.

[57] 胡仁勇, 丁炳扬, 黄涛, 等. 国产菱属植物数量分类研究[J]. 浙江大学学报: 农业与生命科学版, 2001, 27（4）: 419-423.

[58] 张峰, 张金屯. 我国植被数量分类和排序研究进展[J]. 山西大学学报: 自然科学版, 2000, 23（3）: 278-282.

[59] 张元明, 曹同, 潘伯荣. 新疆博格达山地面生苔藓植被的数量分类与排序研究[J]. 植物生态学报, 2002, 26（1）: 10-16.

[60] 阎双喜, 赵勇, 赵天榜. 中国黄杨属植物数量分类的研究[J]. 生物数学学报, 2002, 17（3）: 380-383.

[61] 任王君, 陶玲. 中国沙拐枣属植物的数值分类研究[J]. 西北植物学报, 2002, 22（5）: 1073-1085.

[62] 李慧峰. 泰沂山区苹果属植物系统学研究[D]. 沈阳: 沈阳农业大学博士学位论文, 2012.

[63] 萨师煊, 王珊. 数据库系统概论[M]. 4 版. 北京: 高等教育出版社, 2006.

[64] 李德毅. 隶属云和语言原子模型[C]// 计算机智能接口与应用论文集, 1993: 272-277.

[65] 陈贵林. 一种定性定量信息转换的不确定性模型——云模型[J]. 计算机应用研究, 2010, 27（6）: 2006-2010.

[66] 李德毅. 知识表示中的不确定性[J]. 中国工程科学, 2000, 2（10）: 73-79.

[67] 李德毅. 不确定性人工智能[M]. 北京: 国防工业出版社, 2005.

[68] 李德毅, 孟海军, 史雪梅. 隶属云和隶属云发生器[J]. 计算机研究与发展, 1995, 32（6）: 5-20.

[69] 杨朝晖, 李德毅. 二维云模型及其在预测中的应用[J]. 计算机学报, 1998, 21（11）: 961-969.

[70] 杜鹃, 李德毅. 基于云的概念划分及其在关联采掘上的应用[J]. 软件学报, 2001, 12（2）: 196-201.

[71] 张国英, 沙云, 刘旭红, 等. 高维云模型及其在多属性评价中的应用[J]. 北京理工大学学报, 2004, 24（12）: 1065-1069.

[72] 蒋建兵, 梁家荣, 江伟, 等. 梯形云模型在概念划分及提升中的应用[J]. 计算机工程与设计, 2008, 29（5）: 1235-1240.

[73] 罗自强, 张光卫, 李德毅. 一维正态云的概率统计分析[J]. 信息与控制, 2007, 36（4）: 471-475.

[74] Czogala E, Roubens M. Approach to multi-criteria decision making problemsusing probabilistic set theory[J]. European Journal of Operational Research, 1989, 43（3）: 263-266.

[75] 范涌. 基于 TOPSIS 的生态建筑综合评价方法研究[D]. 上海: 上海交通大学硕士学位论文, 2007.

[76] 穗志方. 信息科学技术领域术语自动识别策略[C]// 第二届中日自然语言处理专家研讨会文集, 2002: 318-322.

[77] 冯志伟. 术语学中的概念系统与知识本体[J]. 术语标准化与信息技术, 2006, 1: 9-15.

[78] 李玉恩. 术语与术语标准化[J]. 术语标准化与信息技术, 2005, 3: 12-15.

[79] 张勇. 中文术语自动抽取相关方法研究[D]. 武汉: 华中师范大学硕士学位论文, 2006.

[80] Kageura K, Umino B. Methods of automatic term recognition: A Review[J]. Terminology, 1996, 3（2）: 259-289.

[81] Wong W, Liu W, Bennamoun M. Determination of unithood and term hood for term recognition[M]// Song M, Wu Y. Handbook of Research on Text and Web Mining Technologies. USA: IGI Globa, 2008: 1-30.

[82] 周浪, 张亮, 冯冲, 等. 基于词频分布变化统计的术语抽取方法[J]. 计算机科学, 2009, 36（5）: 177-180.

[83] 李芸, 王强军, 张普. 信息技术领域术语自动提取和动态更新研究[C]// 辉煌二十年——中国中文信息学会二十周年学术会议论文集, 2001: 131-139.

[84] 王强军, 李芸, 张普. 信息技术领域术语抽取的初步研究[J]. 自然语言处理, 2003（1）: 32-33, 37.

[85] Bourigault D. Surface grammatical analys is for the extraction of term sinological noun phrase[C]// Proceedings of the 14th International Conference on Computational Linguistics, Nantes, 1992: 977-981.

[86] Justeson J S, Katz S M. Technical terminology: Some linguistic properties and an algorithm for identification in text[J]. Natural Language Engineering, 1995, 1（1）: 9-27.

[87] Ananiadou S. A methodology for automatic term recognition[C]// Proceedings of the 15th Conference on Computational Linguistics, Kyoto, 1994: 1034-1038.

[88] Frantzi K T, Ananiadou S, Tsujii J. The C-value/NC-value method of automatic recognition for multi-word terms[C]// Proceedings of the 2nd European Conference on Research and Advanced Technology for Digital Libraries, Ronneby, 1998: 585-604.

[89] 刘磊. 面向专利的双语术语自动抽取技术的研究[D]. 沈阳: 沈阳航空工业学院硕士学位论文, 2009.

[90] Damerau F J. Generating and evaluating domain-oriented multiword terms from texts[J]. Information Processing and Management, 1993, 29（4）: 433-447.

[91] Cohen J D. Highlights: Language and domain independent automatic indexing terms for abstracting[J]. Journal of American Association for Information Science, 1995, 46（3）: 162-174.

[92] Dunning T. A ccuratemethod for the statistics of surprise and coincidence[J]. Computational Linguistics, 1993, 19（1）: 61-74.

[93] Pantel P, Lin D. A statistical corpus-based term extractor[C]// Proceedings of the 14th Biennial Conference of the Canadian Society on Computational Studies of Intelligence: Advances in Artificial Intelligence, Ottawa, 2001: 36-46.

[94] 贺敏, 龚才春, 张华平, 等. 一种基于大规模语料的新词识别方法[J]. 计算机工程与应用, 2007, 43（21）: 157-159.

[95] 周浪. 中文术语抽取若干问题研究[D]. 南京: 南京理工大学博士学位论文, 2009.

[96] Nakagaw H, Mori T. A simple but powerful automatic term extraction method[C]// Proceedings of the 2nd International Workshop on Computational Terminology, Association for Computational Linguistics, Morristown, 2002: 1-7.

[97] 温春, 王晓斌, 石昭祥. 中文领域本体学习中术语的自动抽取[J]. 计算机应用研究, 2009, 26（7）: 2652-2655.

[98] 吴军. 数学之美[M]. 北京: 人民邮电出版社, 2012.

[99] 张锋, 许云, 侯艳, 等. 基于互信息的中文术语抽取系统[J]. 计算机应用研究, 2005, 5: 72-73, 77.

[100] 梁颖红, 张文静, 张有承. C 值和互信息相结合的术语抽取[J]. 计算机应用与软件, 2010, 27（4）: 108-110.

[101] 张五辈, 白宇, 王裴岩, 等. 一种中医名词术语自动抽取方法[J]. 沈阳: 沈阳航空航天大学学报, 2011, 28（1）: 72-75.

[102] 贾美英, 杨炳儒, 郑德权, 等. 采用 CRF 技术的军事情报术语自动抽取研究[J]. 计算机工程与应用, 2009, 32: 126-129.

[103] 潘奇. 基于语言模型的 XML 信息检索的研究与实现[D]. 呼和浩特: 内蒙古大学硕士学位论文, 2010.

[104] Manning C D, Schütze H. 统计自然语言处理基础[M]. 苑春法, 等译. 北京: 电子工业出版社, 2005.

[105] 甄天桥. 基于统计和潜在语义分析的混合语言模型的研究[D]. 哈尔滨: 哈尔滨工业大学硕士学位论文, 2007.

[106] 李贞. 基于统计语言模型的中文网页信息检索研究[D]. 武汉: 华中师范大学硕士学位论文, 2012.

[107] Baeza-Yates R, Ribeiro-Neto B. 现代信息检索[M]. 黄萱菁, 等译. 北京: 机械工业出版社,

2012.

[108] 宋海林. 基于语言模型的信息检索中负反馈技术研究与实现[D]. 呼和浩特: 内蒙古大学硕士学位论文, 2011.

[109] 宋兴祖. 一种改进的 TF-IDF 算法实现及其在垃圾邮件识别中的应用[D]. 长春: 吉林大学硕士学位论文, 2012.

[110] 胡任, 戚进, 胡进, 等. 基于本体的术语关联搜索及其应用研究[J]. 计算机应用, 2001, 29: 169-172.

[111] 孙霞, 王小凤, 董乐红, 等. 术语关系自动抽取方法研究[J]. 计算机科学, 2010, 37（2）: 189-191, 215.

[112] 张榕. 术语定义抽取、聚类与术语识别研究[D]. 北京: 北京语言大学博士学位论文, 2006.

[113] 徐建民. 基于术语关系的贝叶斯网络信息检索模型扩展研究[D]. 天津: 天津大学博士学位论文, 2007.

[114] 易同培, 马丽莎, 史军义, 等. 中国竹亚科属种检索表[M]. 北京: 科学出版社, 2009.